教育部人文社会科学研究一般项目(23YJA890033)

体育与健康课程跨学科主题教学模式研究

王 建 著

东南大学出版社
SOUTHEAST UNIVERSITY PRESS
·南京·

内 容 提 要

《义务教育课程方案和课程标准(2022年版)》明确提出了跨学科主题学习。本书以体育与健康课程跨学科主题教学模式构建与实践效果为研究对象,主要包含8方面内容:概念界定、理论基础、历史追溯、现实考察、国际经验、模式构建、模式应用与实施建议。

本书既有体育与健康课程跨学科主题教学的理论分析,也从实践层面对体育与健康课程跨学科主题教学模式效果进行案例验证。

本书可以作为中小学开展体育与健康课程跨学科主题教学的参考用书,也可以为体育与健康课程跨学科主题教学研究提供理论指导。

图书在版编目(CIP)数据

体育与健康课程跨学科主题教学模式研究 / 王建著.
南京:东南大学出版社,2024.12. -- ISBN 978-7-5766-1865-5
Ⅰ. G807.01;G479
中国国家版本馆 CIP 数据核字第 2024QA4101 号

责任编辑:张绍来　责任校对:子雪莲　封面设计:顾晓阳　责任印制:周荣虎

体育与健康课程跨学科主题教学模式研究

Tiyu Yu Jiankang Kecheng Kuaxueke Zhuti Jiaoxue Moshi Yanjiu

著　　者:王　建
出版发行:东南大学出版社
出 版 人:白云飞
社　　址:南京四牌楼2号　邮编:210096
网　　址:http://www.seupress.com
经　　销:全国各地新华书店
印　　刷:广东虎彩云印刷有限公司
开　　本:710 mm×1 000 mm　1/16
印　　张:12
字　　数:250千字
版　　次:2024年12月第1版
印　　次:2024年12月第1次印刷
书　　号:ISBN 978-7-5766-1865-5
定　　价:39.00元

本社图书若有印装质量问题,请直接与营销部联系。电话:025-83791830。

前　　言

  2019年中共中央、国务院印发的《中国教育现代化2035》明确了：更加注重学生全面发展，大力发展素质教育，促进德育、智育、体育、美育和劳动教育的有机融合。《义务教育课程方案和课程标准（2022年版）》（简称《新课标》）提出各门课程用保证不少于10%的课时开展跨学科主题学习，强化学科知识的整合、课程间的相互关联，增强课程间的综合性与实践性，注重培养学生在真实情境中运用多学科知识解决问题的能力。体育与健康跨学科主题学习的教学立足点是核心素养，强调学生关键能力的获得和对问题解决能力的培养，形成了以体成德、以体健美、以体助劳和以体益智的全方位、多元化的育人新局面。教学模式作为国家课程标准实施的载体，上接课程标准，下连体育教学，既体现了课程标准的精神和理念，又结合了体育课程改革教学实际。体育与健康课程跨学科主题教学模式的构建，有助于体育教学活动与其他四育知识的联结，促进跨学科主题教学活动的有效开展。

  本书运用文献法、问卷调查法、测量法、访谈法、数理统计法等研究方法，以体育与健康课程跨学科主题教学模式构建和实践效果为研究对象，探讨了如下内容：第一，体育与健康课程跨学科主题教学的理论基础。综合课程理论、建构主义理论、情境认知理论和学习迁移理论为跨学科主题教学模式的构建奠定了深厚的理论基础。第二，梳理体育与健康课程跨学科主题教学历史进程。追溯历史，体育与健康课程跨学科主题教学的发展并非一蹴而就，早期体育课程综合性学习、2002年提出的体育课程"综合性实践活动"为体育与健康课程跨学科主题教学的开展奠定了深厚的历史基础。第三，考察体育与健康课程跨学科主题教学开展现状。教学实践中存在教学主题选取不清晰、学科间知识联结不足、教学评价方式简单、学科跨而不合现象凸出等问题。跨学科教学理念认知模糊、融合机制尚未健全、教师跨学科执教素养欠缺、教学资源整合不足、教学实践相对匮乏是主要原因。第四,借鉴体育与健康课程跨学科教学国际经验。美国 SPEM 课程、美国得克萨斯州 I-CAN 课程、澳大利亚 EASY Minds 项目、美国 PAAC 和 A+PAAC 课程、荷兰 F&V 课程均为体育与健康课程跨学科主题教学的开展提供了国际经验。第五,构建体育与健康课程跨学科主题教学模式。包含:①确立主题:聚焦生活场景中真实问题。②设定目标:紧扣体育核心素养发展主线。③关联学科:"大概念"统领结构化教学内容。④制定任务:围绕跨学科大概念组建学习任务群。⑤创设情境:设置真实有效体育学练场景。⑥开展评价:基于真实情境开展表现性评价。最后,以"校园定向赛·烟花三月下扬州"为教学案例,探讨了体育课程跨学科主题教学模式的实践效果,提出体育与健康课程跨学科主题教学的具体实施建议。

本书主要创新:第一,研究视角的创新。《新课标》首次将跨学科主题学习设定为课程内容之一,但是如何实施仍然处于探索阶段,本书从体育与健康课程跨学科主题教学模式构建和实践策略出发,结合实践性个案进行验证,发现其中存在的问题,这在以往的研究中较少。第二,研究内容的创新。体育与健康课程跨学科主题教学有其自身的发展逻辑,通过梳理跨学科主题教学的理论基础和发展历史,融合国外体育跨学科综合性课程教学的经验,为体育与健康课程跨学科主题教学模式构建提供了依据。第三,多元方法的综合运用。在调研较大样本学校的基础之上,采用了测量法、观察法、数理统计法、访谈法等研究方法,测评了体育与健康课程跨学科主题教学模式的实践效果,探究了教学改革中存在的主要问题,并进行相应的原因分析,提出了体育与健康课程跨学科主题教学的实施建议,可为相关部门决策提供参考,一定程度上有助于教学改革的深化。

本书是 2023 年教育部人文社会科学研究一般项目"体育与健康课程跨学科主题教学模式探索与实证研究"的结项成果。在撰写过程中,我们得到了一些学校体育学专家、体育教研员、一线教师的鼎力支持,在此表示诚挚的谢意。由于体育与健康课程跨学科主题学习在课改后刚刚被提出,跨学科主题教学改革尚处于实践探索阶段,受知识和出版时间所限,书中难免有疏漏和不足之处,诚请广大读者提出宝贵意见和建议,希冀本书的出版能为该领域研究起到抛砖引玉的作用。感谢东南大学出版社工作人员为本书出版所付出的辛勤劳动。

王 建

2024 年 9 月

目　　录

1 导论 … 1
　1.1 研究背景 … 1
　1.2 研究意义 … 4
　1.3 文献综述 … 5
　1.4 研究内容 … 23
　1.5 研究对象与方法 … 26

2 概念界定与理论基础 … 31
　2.1 概念界定 … 31
　2.2 理论基础 … 35

3 体育与健康课程跨学科主题教学历史追溯 … 43
　3.1 第一阶段：早期体育"综合性学习"萌发（1904—2001年） … 44
　3.2 第二阶段：体育"综合实践活动"课程（2001—2022年） … 47
　3.3 第三阶段：体育与健康课程跨学科主题教学（2022年至今） … 51

4 体育与健康课程跨学科主题教学现实考察 … 55
　4.1 现状调查 … 55
　4.2 问题归纳 … 75
　4.3 成因分析 … 79

5 体育与健康课程跨学科教学国际经验借鉴 … 86
　5.1 国际体育跨学科教学 … 86
　5.2 国际经验总结与借鉴 … 106

6 体育与健康课程跨学科主题教学模式构建 112
6.1 构建依据 112
6.2 构建原则 113
6.3 模式构建 119

7 体育与健康课程跨学科主题教学模式应用 125
7.1 教学案例 125
7.2 教学实践 129
7.3 教学效果 134
7.4 教学反思 150

8 体育与健康课程跨学科主题教学实施建议 151
8.1 总体思路 152
8.2 遵循原则 152
8.3 实施建议 155

附录 167
附录1 体育与健康课程跨学科主题教学模式探索与实证研究调查问卷（教师） 167
附录2 体育课期望价值量表 170
附录3 期望价值量表结构图 172
附录4 情境兴趣量表（小学） 172
附录5 教师访谈提纲 174
附录6 学生访谈提纲 175
附录7 体育与健康实践课教案 175

参考文献 180

1 导论

1.1 研究背景

1.1.1 响应基础教育改革需求

党的二十大报告提出:"育人的根本在于立德。全面贯彻党的教育方针,落实立德树人根本任务,培养德智体美劳全面发展的社会主义建设者和接班人。"2014年教育部印发的《教育部关于全面深化课程改革落实立德树人根本任务的意见》(简称《意见》)中明确指出,各级各类学校应整合相关学科的教育内容,开展跨学科主题教育教学活动,以发挥学科间综合育人功能,提高学生综合分析问题、解决问题的能力和跨学科思维。学校体育作为教育事业的重要组成部分,积极贯彻全面发展的教育理念,肩负立德树人根本任务。《学校体育学》(第三版)第二章也明确提出了体育促进学生全面发展的教育目标,这就要求学生道德、智力、体力、心理等素质处于和谐状态。体育与健康学科育人方式区别于其他学科,其以"身体练习"为主要手段,在跨学科主题教学的设计与开展中具有体育属性的鲜明特征。体育与健康学科要发挥好自身学科的特性,改进传统的教学方式,进行系统跨学科主题教学,从而肩负起深化体育与健康课程改革,落实立德树人根本任务的重大使命。

《新课标》提出,各门课程用保证不少于10%的课时设计开展跨学科主题学习,强化学科知识的整合、课程间的相互关联,增强课程间的综合性与实践性,注重培养学生在真实情境中运用多学科知识解决问题的能力。体育与健康课程跨学科主题教学融合了实践性、综合性、探究性,是促进学生全面发展的一种教学方式,它打破了不同学科知识之间的"藩篱",促进了学科知识的相互融合、渗透,避免了知识之间割裂的现象,对于学生核心素养的达成和综合解决问题能力的提升具有重大的意义。跨学科主题教学作为融合多学科知识与方法的教育教学方式,在培养学生的核心素养、跨学科思维等方面发挥着重要作用,有助于实现体育和德育、智育、美育、劳动教育及国防教育的多学科交叉融合。然而,考虑到地区差异和教育内容扩展性,《新课标》本身的描述常有弹性、抽象性和概括性等特征。在《新课标》导向下,如何实施体育与健康课程跨学科主题教学? 如何体现出体育学科独有的性质? 以及体育与德育、智育、美育、劳育和国防教育融合时,分别遵循什么原则和操作路径? 这些问题均需要解答。

1.1.2 培养学生核心素养需求

《意见》中首次提出"核心素养"概念。这标志着我国新一轮基础教育课程改革进入深度变革期。在核心素养时代,课程统整应充分发挥课程的教化育人作用,帮助学生具备终身发展和社会发展所需的道德品格、关键能力和核心素质。这一时期的课程统整意识到学科领域与素养之间的关系不是一一对应的,所有的领域和学科都有助于多种素养的发展,没有一种素养的发展只依赖一种学科。伴随 2022 年《新课标》的颁布,学校体育育人目标实现了"三维目标"向"核心素养目标"的转换。发展学生核心素养成为促进学生全面发展的具体体现,各科课程应将核心素养由外在于学生的虚化形态转化为学生个体内在素养的现实形态。体育作为以身体运动为基本手段、以运动技能为载体促进学生身心健康全面发展的文化活动,成为促进学生核心素养达成的重要途径。在学校体育实践中积极开展体育与健康课程跨学科主题教学,实现运动能力、健康行为、体育品德培养等综合素养育人目标的内在统一,有助于学生身体、心理以及社会的整体性发展,有助于发挥体育"育体"和"育心"的整体育人效应。在教师的引导下,学生通过体育活动体验成功与失败、喜悦与失落,实现德育、智育、美育和劳动教育的有机融合,铸造优良的体育道德、体育精神和体育品格,同时锻炼身体素质、掌握运动技能,为未来生活、学习以及长远发展奠定基础。换言之,体育与健康课程跨学科主题教学的根本目的在于通过体育促进学生的全面发展,实现人与自我、人与社会、人与自然的完整统一,体现人才培养的进阶,诠释体育与其他"四育"密切配合与融通的价值，是促进学生德智体美劳全面发展的整体育人逻辑体现。

核心素养是新时代课程育人的根本指向，发展学生核心素养的综合表现为人文底蕴、科学精神、学会学习、健康生活、责任担当和实践创新等六大素养，主要涉及学科素养和跨学科素养两个维度，其中跨学科素养涵盖基本认知能力、高阶认知能力，以及人际关系能力、人格特质与态度等核心要素。跨学科主题学习作为体育与健康课程内容的延伸，其学习目标契合核心素养的内涵，但目标指向更加多维，强调在体育活动中运用跨学科知识让学生解决现实问题和深度认知现实生活，突出跨学科素养发展。参与体育与健康课程的跨学科学习，学生获取的不仅是与体育相关的知识，而且包含其他学科的知识和已有的生活经验。实施跨学科学习能够使学生头脑中所有的知识和生活经验产生联系。例如，"快乐游戏，爱好环境"的主题学习情境可以引发学生对环境保护、垃圾分类等知识的思考。核心素养并不属于特定学科或特定情境，而是适用于一切情境和人的普遍素养。体育与健康课程中的跨学科学习能够综合调动学生的已有知识和经验，进而发展学生的核心素养。

1.1.3 适应"五育"融合时代需求

1999年中共中央、国务院印发的《关于深化教育改革全面推进素质教育的决定》强调不仅要造就德智体美等全面发展的社会主义人才，还要求"四育"有机地统一于教育活动的各个环节。2019年，中共中央、国务院出台了《关于深化教育教学改革全面提高义务教育质量的意见》，提出"坚持五育并举"和全面加强美育和劳动教育工作，标志着我国学校教育进入了"五育"融合新时代。落实到学校体育实践中，《新课标》主动回应了时代要求，提出了体育与健康课程跨学科主题学习和课程内容结构化的教学要求，避免了学科逻辑的分化，实现了课程设置从分科主导向跨学科学习的突破，从政策层面落实了体育与其他"四育"的有机融合。开展体育与健康课程跨学科主题教学有助于各育知识的联结，有助于积极贯彻体育促进学生全面发展的教育理念，是实现学校体育价值理性的重要途径。

在"五育"融合背景下开展体育与健康课程跨学科主题教学源于对现实问题

的关切与回应，具体体现于两个方面：一是体育与其他"四育"发展失衡。早期，受"唯分数论"等功利化教育思想的影响，现实教育往往过于注重智育，忽视了对学生进行情感、态度、价值观、实践能力等方面的培养，而体育作为具有"具身属性"的课程，在促进学生全面发展过程中具有独特价值。事与愿违，无论是2020年国家颁布的《关于深化体教融合促进青少年健康发展的意见》强调的青少年体育锻炼和文化学习并重，还是近几年出现的青少年身体活动不足、近视率居高不下、心理问题频现等实情，均折射出体育与其他"四育"并未获得同步发展。尤其是在"高考指挥棒"导向下，体育在教育中的地位往往流于形式，被看作"说起来重要、做起来次要、忙起来不要"的边缘课程。二是体育与其他"四育"发展割裂。体育与其他"四育"不仅在思想方针与现实实践中存在发展不同步问题，而且在德智体美劳"五育"内部也存在割裂现象。部分教师漠视体育与其他"四育"之间的联系，尤其是早期"知识本位"下的传统体育教育往往以学生运动技能学练为主，过于关注学生运动技能学习、体质增强效果，忽视了"以体育人"的综合育人效益。事实上，体育锻炼具有的改善学生的学业成绩和认知功能、促进体育品德培育、服务于劳动教育、蕴含美育价值等优势已经在国内外文献和政策中得到了证实。所以，开展体育与健康课程跨学科主题教学，建立体育与其他教育之间的联结，即回应了"学科素养"目标本位下的体育综合性育人的时代需求，同时为解决体育与其他"四育"发展失衡和割裂问题提供了方法和路径。

1.2 研究意义

1.2.1 理论意义

阐述体育与健康课程跨学科主题教学的理论基础、历史逻辑及其现状特征，梳理国内外体育与健康课程跨学科主题教学相关经验，丰富我国体育与健康课程跨学科主题教学相关理论，促进体育与健康课程教学理论体系的完善。

通过构建体育与健康课程跨学科主题教学模式和分析教学效果，积累实证材料，为体育与健康课程跨学科主题教学的未来实践提供重要理论与范式参考，对于体育与健康课程跨学科主题教学改革具有重要的理论意义。

通多实地调查,准确发现体育与健康课程跨学科主题教学中存在的问题。开展体育与健康课程跨学科主题教学既有其历史动因,同时又受到现实问题的羁绊。"改的效果如何""为什么改"以及"怎么改"等问题一直有待厘清。准确发现课程改革中存在的问题及原因,对于高中专项化体育与健康课程改革的深化具有重要的参考价值。

1.2.2 实践意义

通过调查体育与健康课程跨学科主题教学改革现状,借鉴国内跨学科主题教学经验构建教学模式,并基于教学模式进行案例分析,有助于准确发现教学改革中存在的问题,为相关部门优化体育与健康课程改革方案提供策略支持。

通过构建体育与健康课程跨学科主题教学模式,并基于典型案例对体育与健康课程跨学科主题教学模式效果进行实证分析,通过分析测试结果发现教学中存在的问题,能够为后期开展体育与健康课程跨学科主题教学提供实证借鉴和科学指导。

有利于为高中专项化体育与健康课程改革更科学化提供方案支撑。虽然《新课标》明确提出了体育与健康课程跨学科主题教学要求,但是否具备开展体育与健康课程跨学科主题教学条件,专项教师的专业素养是否满足教学要求等问题均需要明确解答。基于现状分析,辅以访谈、问卷调查获取真实的资料,能够为体育与健康课程跨学科主题教学的实践提供科学方案。

1.3 文献综述

跨学科(Interdisciplinary),学界亦称"交叉学科",该词源于20世纪20年代的美国。主题教学是围绕一个主题或综合性问题,以学生自主建构活动为主线,采取跨学科形式开展的教学活动。跨学科教学意味着对传统教学观的颠覆,"整体主义"(课程的整合)将取代"分科主义",重在培育学生跨学科素养。目前,跨学科主题教学存在目标"游离化"、内容"拼盘化"等问题。在《新课标》指引下,推进跨学科主题教学应提升教师的跨界思维,提供实施的情境条件,实现跨学科主题教学的任务化。

1.3.1 国内研究现状

将中国知网（CNKI）高级检索作为检索工具，以"跨学科"为主题词，检索出文献总数为 24 355 篇，相关论文 16 962 篇。因文献数量庞大，故将检索主题范围限定在体育（主题：跨学科和体育），检索出相关论文 219 篇；以"跨学科主题教学"为主题词，检索出符合标准的相关论文 125 篇；以"体育跨学科主题教学"为主题词，仅检索出符合标准的相关论文 11 篇。经过汇总和筛选，剔除与主题不直接相关的文献，剩余文献 246 篇，在此基础之上又进行了人工阅读，经仔细筛选，最终获得相关论文 56 篇。通过对文献的分析，笔者发现直接与体育跨学科主题教学相关的文献还比较少，说明当下关于体育跨学科主题教学的研究仍旧十分稀少，同时也意味着体育跨学科主题教学研究还有待完善。具体筛选过程见图 1-1。

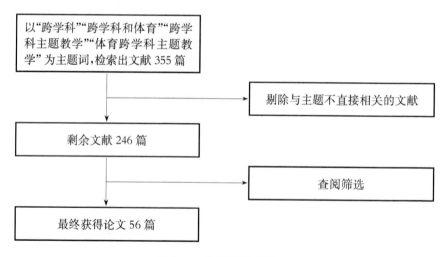

图 1-1　文献筛选过程

1）体育与健康课程跨学科主题教学的内涵研究

明确体育与健康课程跨学科主题教学概念的基本内涵是教学活动得以顺利开展的重要前提。吴安月等人依据体育与健康课程跨学科主题教学的特点和目标，将体育与健康课程跨学科主题教学定义为一种以实践性、综合性、探究性为一体，以学生健康第一为目标的深度教学方式，也是践行我国课程改革要求、提升学校体育质量和促进学生核心素养生成的方案。跨学科主题教学强化了不同学科之间的联系,促进了多学科知识的相互渗透和整合,有效规避了学科知识间隔绝的现象。张丁毅等人认为,准确理解跨学科主题学习的含义是科学实施体育跨学科主题学习的重要前提之一,将体育跨学科主题学习分解成包括"跨学科""主题""学习"在内的三个关键词,而理解这三个关键词的含义是理解跨学科主题学习含义的重要前提。经过对三个主题词的系统分析,他们指出:"跨学科"应使学生在身体练习的过程中深入学习与体育密切相关的跨学科知识;"主题"是不同学科知识得以融合的枢纽,而且"主题"是围绕学科学习中的真实、难以解决的跨学科问题而设定的;"学习"则着重强调"以学生为中心"的自主、合作和探究的学习方式。张丁毅等人还提到跨学科主题学习所涉及的学科不宜过多,否则将不利于学生核心素养和跨学科综合实践能力的提升。董鹏以厘清分科课程、跨学科主题学习的基本原理为切入点,厘定体育跨学科主题学习的内涵。他认为分科课程的优点在于学科知识体系的系统性与逻辑性强,缺点主要在于使学习与生活脱离、知识与应用脱节,也就是知识无法有效转化为实际运用能力,而正是针对分科课程的种种缺陷,跨学科学习理念才应运而生;他又列举了美国学者哈纳(L. A. Hanna)、甘伯格(R. Cam-Berg)以及奥尔特海姆(J. Altheim)分别对跨学科主题学习的界定,并结合国内学者对跨学科主题学习内涵形成的基本共识,认为体育与健康课程跨学科主题学习是以体育与健康课程为载体,以学习主题为引领,整合不同学科知识,在情境教学中学生通过探究、合作、自主学习,发展解决实际问题能力的学习活动。李文以中心主题统筹教学目的、内容、资源、方式以及评价等要素,将体育与健康课程跨学科主题教学的内涵理解为,体育与健康课程教学中的教师整合多学科知识,以问题或项目为内核,让学生积极主动利用两种或两种以上学科知识及思维去认识和解决问题的教学活动。他还提到要防范关于体育与健康课程跨学科主题教学理论内涵的几点错误认知。笔者将其简化为三个方面:防止简单拼接和"两张皮"现象;防止为"跨"而"跨";体育与健康课程跨学科主题教学强调用跨学科思维去认识和看待世界。

综上所述,明确体育与健康课程跨学科主题教学的内涵和概念,是为了更好地了解其属性,也就是一个事物区别于其他事物的最根本的特征。在综合前人研究基础之上,本书将体育与健康课程跨学科主题教学的内涵归纳为三点:一是以体育与健康学科为本位,突出主体性;二是以真实性问题为导向,培养学生真实问题的解决能力,突出真实性;三是以"主题"为枢纽,疏通学科知识的脉络,消除不同学科间的隔阂,强调融合性。关于体育与健康课程跨学科主题教学的概念,笔者尝试性地将其定义为:以体育与健康学科为核心,以真实生活情境中的问题为导向,通过"主题"的形式融合两个或两个以上学科知识,来解决体育与健康学科中复杂问题的综合性实践活动。

2) 体育与健康课程跨学科主题教学价值意义研究

跨学科主题教学能够打破学科壁垒,促进知识体系的完善,提升教师教学创新能力,培养综合素质人才,这一理念在学术、教育和社会发展中具有重要意义和价值。跨学科融合的教育方式能够培养学生的团队合作和沟通能力,使他们能更好地与他人协作,共同应对复杂的问题和挑战。具备跨学科知识背景和综合素质的人才能够更快地适应新的工作环境和任务要求,具备更强的竞争力。许国英提出,跨学科主题教学的三个优势意义在于:有利于科学技术的快速发展,有利于人类知识的积累和更新;有利于培养具有广泛知识以及素质、知识和技能有机构成的新型人才;有利于学科的更新和创新,有利于学科的建设。邹晓东介绍了跨学科的本质内涵,包括学科的概念、学科界限概念、跨学科的内涵,指出了研究跨学科的现实意义:跨学科教学能够产生新的知识,对传统学科起到补充的作用;跨学科教学能够突破传统学科的壁垒,可以使各学科之间建立联系;跨学科是解决人类经济、文化和社会问题日趋复杂的有效途径,进一步提出"跨学科"是一种方式、方法或者一个过程,不是一门"学科",然而却可以通过它的作用产生一门新的学科,跨学科是知识生产、分配和应用系统中的一部分;跨学科的发展是科学内在发展规律的必然要求,同时是对社会、经济和环境等科学自身发展外部因素变化的反映。张文平在其研究中强调了跨学科主题单元是学生参与有意义学习的重要方式,跨学科主题单元是一种新的学习形式,它促进了不同学习风格的发展,使学生智力的多个方面得到了充分的发挥。跨学科主题单元支持不同学习风格的发展,并能充分开发学生的多面性智力,以及学生之间、教师之间、师生之间的合作。卢光亮在其研究中阐述了跨学科知识在教学中的应用,说明了重视跨学科知识在教学中的应用价值,加强学科之间的联系对于教师打开自身思维,发掘自身潜能,改善自身教学效果都有很大帮助;帮助学生建立起一套完整的、具有连贯性的知识体系,并对其应用知识的能力和创新能力进行培养和提高,有助于发挥优势,补充不足,丰富教学内容。李明秋、郭艳玲对跨学科本科生人才培养进行了思考与探索,他们介绍了跨学科培养专业本科生人才的意义:经济社会发展迫切需要跨学科专业人才,跨学科专业人才培养是适应创新拔尖应用人才的迫切需要,跨学科专业人才培养是教育改革的发展趋势。接着他们研究了跨学科人才培养的实践与探索的具体方法,开放地定位人才培养模式,对教学内容和教学方式进行改革,对人才培养模式和教学手段进行改革,并对跨专业的教学合作进行探索。

马庆指出跨学科教学相对于传统的体育教学更能够帮助学生加深对知识的理解,提升整体的知识素质,同时可以避免出现孤立的课堂教学活动。加强跨学科的教学实践,教师能够将一门学科的知识点与其他学科间形成一个横向连接,并在启发式教学的指导下将学生所学知识融合到一起。教师指导学生系统、全面地理解所学的知识,从而扩大他们的视野,提升他们对知识的理解能力,并让其养成良好的学习习惯。加强多专业交叉融合的教学实践,有利于提高教师的知识水平,提高教师的专业素质。它可以帮助教师突破单一学科教学的瓶颈,注重学科知识与其他学科知识的交叉融合。通过跨学科整合教学与其他学科的核心知识的有效衔接,不断提高教师的综合素质和教学能力,提高教学效果。王俊鹏指出跨学科教学法在高校羽毛球课中教学的意义:跨学科教学的应用可以转变教学理念,拓展学生思维;增强学生兴趣,提升学生自信;促进师生互动,以学生为主体;明晰动作细节,教学事半功倍;搭建交流平台,培养团队意识;探析内在思考,激发创新精神;充实羽毛球课的教学内容,拓展学生自学的能力。总而言之,体育与健康课程跨学科主题学习是多学科知识积极参与的过程,也是学习者主动运用多学科知识理解和探究知识和技能的过程,可以拓宽学生学习视野,提高其认知能力和运动技能,有利于学生体育学习质量的提升。具备跨学科知识背景和综合素质的人才能够更快地适应新的工作环境和任务要求,具备更强的竞争力,同时跨学科融合的教育方式能够培养学生的团队合作和沟通能力,使其更好地与他人协作,共同应对复杂的问题和挑战。

3) 体育与健康课程跨学科主题教学的实践问题研究

自《新课标》明确将跨学科主题学习设定为体育与健康课程的内容之一并贯

穿整个义务教育阶段以来,全国各地广泛开展体育与健康课程跨学科主题教学活动,同时也碰到了一些问题。一方面,体育与健康课程跨学科主题教学仍然面临严峻的挑战,体现在师资、场地、器材以及学校教学理念等层面;另一方面,体育与健康课程跨学科主题教学还伴随着一些发展上的机遇以及众多策略上的优化建议。杜慧洁在研究跨学科教学中发现,跨学科教学所面临的困难源于多方面,包括教学目标、内容、教材、教师能力、教师间的合作和学生要面对的体育升学压力等。方千华在体育学跨学科问题的研究进展中指出,国内体育学跨学科问题研究相对于国外起步较晚,重要成果不多,目前大多数研究偏向于理论思辨,即关于体育学跨学科的意义和必要性的探讨、概念内涵的辨析以及发展趋势的讨论等。黄兰妹认为体育与生物、体育的跨学科融合学习,可以启发学生从体育的角度发现、思考和解决"体育运动与心率"间的现实问题,促进学生对体育学科的理解,以及对生物、体育学科的知识获得,实现跨学科知识的整合,提高学生应用知识的能力,促进体育学科育人方式和学习方式的变革。张琪认为,在宏观层面,体育与健康课程跨学科主题教学存在体育领域对跨学科主题教学的认知错误偏向问题。在中观层面,体育与健康课程跨学科主题教学存在教育部门缺乏对跨学科主题教学的系统统筹问题。在微观层面,存在学校缺乏对跨学科主题教学的布局、体育教师缺乏对跨学科主题教学的理论构建及实践经验问题。

聂欢密、鲁长芬认为,中小学体育教师在体育与健康跨学科主题教学中主要存在认知之误、价值之惑、实践之难三个问题。认知之误主要体现于以下方面:体育与健康跨学科主题教学等同于在体育与健康课程中融合其他学科知识的教学;体育与健康跨学科主题教学和体育与健康课程教学是相互对立的关系;体育与健康跨学科主题教学可以教授"跨学科知识"。价值之惑主要体现于以下方面:是否有必要在体育与健康课程教学中开展跨学科主题教学?体育与健康跨学科主题教学是否会影响体育与健康课程教学效果?体育与健康跨学科主题教学的目的是什么?……实践之难主要体现于以下方面:体育与健康跨学科主题教学无章可循,教师处于混乱和探索学习阶段,不知道如何有效设计实施跨学科主题教学,教学缺乏可借鉴的教学案例、学习平台和资源等。张文鹏认为,体育与健康跨学科主题学习的教学价值为培育时代新人的必然要求、落实"学、练、赛"一体化的有力抓手和培养学生高阶思维的动力源泉。当前,体育与健康跨学科主题学习的主要教学困境是教师知识储备不足、教学内容片面与情境失真、教学方法与手段单一、跨学科教学资源不足和教学评价操作性不强。他从教学上提出优化策略：强化体育教师问题意识,提升跨学科教学能力;重视跨学科教学教材编写与情境创设,提升教学质量;以问题为导向,探索跨学科教学模式,推动跨学科教学方法创新;增强协同效应,获取各方支持,推动教学资源可持续发展;优化评价操作性,推动"教学评"一体化落地。

综上所述,众多学者围绕体育与健康课程跨学科主题教学问题进行了深入调查,目前实践问题主要体现在：第一,体育教师的跨学科素养还有待提高;第二,教学实践中体育与健康课程跨学科主题教学的内容存在"简单化""拼盘化"等现象;第三,体育与健康课程跨学科主题教学的设计流程有待优化。未来体育与健康课程跨学科主题教学实践中,只有坚持问题导向,提出针对性建议,方能促进体育与健康课程跨学科主题教学的深入发展。

4) 体育与健康课程跨学科主题教学的推进策略研究

体育与健康课程跨学科主题学习积极回应新世纪教育变革和课程改革时代要求,有利于促进学生核心素养的培育。围绕体育与健康课程跨学科主题教学的推进策略,于素梅认为体育与健康课程跨学科主题学习应以知识综合和引导学生解决问题为一体,通过各种教学资源的有效整合、复杂情境的合理创设以及多元方法的合理运用等策略来实现有效的教学。与此同时她将多种策略进行了总结和分析：一是通过"体育+X"的有效整合,实现教学内容上的建构;二是通过回归生活的真实情境来对教学环境进行合理的创设;三是要采用问题导向的探究学习方法。策略的推进包含着对问题的深入思考。体育与健康课程跨学科主题学习在对教学内容进行整合时包含着实践问题：一是跨学科主题学习的内容出现"拼盘式""离散式"的现象;二是跨学科主题学习未将多学科内容进行有效整合;三是未以学科为基础,忽视单一学科的基础性作用。尚力沛等人对体育与健康课程中跨学科学习的实施过程和保障路径进行了深入的分析,在实施过程方面提出四点策略：一是搭建跨学科学习任务群,在学习任务群中体育教师需要明确构建跨学科学习的主题和目标,明确能用到哪些跨学科知识以及对学生的学情进行具体分析。二是通过问题驱动学生学习。在跨学科学习的主题或任务确定之后,需要教师创设以促进学生发展为中心的各种问题,这是体育学科知识与其他学科知识发生碰撞的关键。三是教师需要引导学生解决问题。四是综合评价学生的学习效果。张文鹏等人创新地提出了体育与健康跨学科主题教学空间构建的推进策略。他们将教学空间分为物理空间、精神空间以及社会空间,并详细分析了每个空间的概念以及结构。在推进策略方面提出三点：一是要树立空间思维,深化空间认知,加强实施规划。二是立足于教学需要,挖掘空间资源,强化技术保障。三是倡导空间正义,明确制度规范,完善权力分配。从教学空间的视角去理解体育与健康跨学科主题教学,在目前相关研究中可以说非常新颖,而从空间领导、空间支撑、空间治理三方面入手,可以保障体育与健康跨学科主题教学空间建构的精准落地和促进其茁壮成长。陈一林等人在基于活动理论的视角下对体育与健康课程跨学科主题学习活动的路径进行了深入探讨,提出实施路径构建的初始阶段的首要问题在于教与学共同体对主题维度的选择和学习目标的制定,他们特别提到了跨学科学习的本质是合作、探究式的学习活动。体育与健康课程跨学科主题学习的主客体的职能不同,强调客体是跨学科主题学习活动的内容来源,维系着活动系统的各个部分且为各个环节的顺利开展提供了直接或间接的交流。身体的参与、体验与认知是学生习得体育知识和感悟体育学习的关键,真实性参与是体育与健康课程跨学科主题学习顺利开展的重要条件。在体育与健康课程跨学科主题学习的评价阶段,倡导基于协作式分工的活动系统,坚持整合规则来设计多元化跨学科评价体。王建认为体育与健康课程跨学科主题教学的推进策略主要体现在：坚持问题导向,结合真实情境下的复杂问题来锻炼学生的综合能力；通过体育教师的启发式引导来提高学生学习效率,促进学生跨学科思维的跃迁；通过跨学科知识内容的有效整合,梳理不同学科之间知识的逻辑性；倡导跨学科主体教学评价方式的多样化,鼓励采用表现性评价方式。

综上,有效开展体育与健康课程跨学科主题教学,需要做好以下工作：

(1) 着眼于理念认知,做好跨学科教学要点的学习工作

地方体育教育部门应明确跨学科教学的核心要点和认知误区,对跨学科主题教学理念的学习工作起到引领作用,组织教师以跨学科主题教学理念为学习目标,开展主题学习、主题实践活动,组建以高校专家、地方体育学科调研员、优

秀体育教师为主要成员的交流平台,为一线体育教师教学中的问题答疑解惑。

(2) 立足于核心素养,做好跨学科主题课程的统筹工作

以核心素养为目标,开发地方性的跨学科主题课程,以开发的地方性跨学科主题课程为指引,遴选优秀课程案例。

(3) 创新学校教学,做好跨学科主题课程的实施工作

学校层面成立跨学科教学指导委员会,引进各学科名师、高校学科教育专家担纲执导。利用此平台,教师通过讨论制定学科跨学科教学的规划,开发校本跨学科课程,并对一线教师开展指导与培训工作。学校应该定期开展跨学科主题教学的教研活动,鼓励体育教师开发并分享课程设计,反馈教学效果。学校应该定期开展与跨学科主题教学相关的说课、观摩课等赛课活动,帮助教师搭建学习平台,使其不断提升跨学科教学技能。疏通学生评价—反馈通道,将跨学科活动的学习纳入评价内容,坚持以评价促教学改进、以评价促学习的路径。

(4) 注重师资培养,培养具备跨学科思维的教师

体育教师应该与其他科目教师开展合作教学,在沟通互动的基础上,了解其他学科的思维方式和知识要点,建立由体育出发融合多学科知识的逻辑思路。体育教师应该实现由"基于知识教学"转向"基于问题教学"的思路转变。基于知识的教学思路从知识传授的角度出发,容易将教师困于学科知识体系之下,限制其借助跨学科思维开展教学。

5) 体育与健康课程跨学科主题的教学设计研究

体育教学设计是教学过程的起始环节。根据笔者的实地调查了解,体育与健康课程跨学科主题教学的实施情况不容乐观,造成这种状况的原因有缺乏学科教学理论依据以及体育跨学科主题教学设计思路模糊。黄志斌依据STEM[科学(Science)、技术(Technology)、工程(Engineering)、数学(Mathematics)]教育中的跨学科理念和CASES-T[内容(Content)、活动(Activity)、情境(Situation)、评价(Evaluation)、策略(Strategy)和目标(Target)]模型,针对初中阶段的体育跨学科主题学习提出了明确教学主题、创设教学情境、制定教学目标、组织教学内容、规划教学活动、制定教学评价六个部分的设计思路。结合新课标中的课程基本理念,他总结出:坚持健康第一,落实"学练赛评";加强课程设计,改革教学方式;重视学习评价,关注个体差异等跨学科主题学习的设计理念。为验证研究

所提出的跨学科主题学习设计思路的可操作性,他还进行了教学范例设计。概括其研究成果不难发现,体育与健康课程跨学科主题教学的设计能力,是当下一线体育教师迫切需要提升的。另外,体育跨学科主题学习的教学设计思路可操作性较强,能够与期望的教学目标相匹配,且对于学生核心素养的落地和实现"五育"融合具有"他山之石"的积极作用。沈汉景通过行动研究法(计划、实施、观察、反思)设计出体育跨学科主题教学的单元活动方案,具体细分为以下步骤:主题引入,收集资料;创设场景,学练技能;展示交流,总结反思。最后经过三轮的行动研究,通过不断改进和完善,形成一个可借鉴的、成熟的体育跨学科主题学习单元活动方案。杨雅洁立足于体育核心素养,结合初中生身心发展特点,确定了体育跨学科融合教学可选择的体育学科立足点与文化学科融合点,在多角度分析的基础上进行初中体育跨学科融合教学设计研究,她指出教学设计的关键在于:第一,教学原则上,要以合理安排身体活动量原则为基础,以体育核心素养与多学科知识相联系原则为关键,以兴趣先导实践强化原则为保证;第二,教学目标分为班级、小组和个人教学目标,体现运动能力、健康行为和体育品德;第三,教学内容的选择与侧重要以体育学科为主,注重体育知识、运动技能与素养培育;第四,教学方法上,要创设兼顾实践性和跨学科性的主题学习情境,以项目式组织、协作式探究为主要形式;第五,教学评价上注重采用过程性评价和多主体多元化实时评价的方式。综上所述,体育与健康课程跨学科主题教学设计的核心在于紧密围绕学生体育核心素养的形成,择取体育与多学科知识相契合的主题,创设真实情境下的任务或练习。与此同时,密切结合新课标中提出的新理念、新思路、新方法,通过制定教学目标、选择合适的教学内容、运用新颖的教学方法、采取多样化的教学评价方式来完善体育跨学科主题教学设计。

6) 体育课堂表现性评价研究

近年来,表现性评价在体育学科领域研究中的应用逐渐增多,在一定程度上与我国的综合实力、教育水平的不断提高以及国家对体育学科的重视程度的加深有着莫大的关联。研究表明,表现性评价也是体育与健康课程跨学科主题教学的有效评价方式,有助于测量学生学习的过程性结果。王慧莉将表现性评价应用于体育与健康课程思政建设,她以体育教育专业体操类专项课程思政为例,通过明确评价目标、创设问题情境、提炼思政元素、设置表现任务、开发评分规则以及实施评价与反馈为行动主线,提炼体育与健康课程思政的关键元素,构建表现性任务,为拓展表现性评价在体育与健康课程思政中的应用实践研究提供了理论参考。陈加峰将表现性评价应用于中小学健美操教学,发现表现性评价能够促进初高中生健美操技能的迅速提高,但对体能发展的影响不大;表现性评价在健美操教学中能够显著提高学生的兴趣;学生能够通过这种新颖的评价方式调动自己的学习积极性。赵显强将表现性评价应用于高中篮球选项课教学中,通过系统构建适用于高中篮球选项课的表现性评价体系,促进了学生建立对自身更为全面、客观的认识,促使学生的篮球技术水平和技战术水平显著提高。在提高学生学习兴趣的同时,促使学生的篮球学习由课内向课外拓展。

表现性评价与 STEM 教育有一定的共通之处,从目的上来看,二者都要求学生掌握综合性的知识与能力来解决现实问题,着眼于学生高阶思维的提升。STEM 教育由科学、技术、工程、数学所组成,因此 STEM 教育更加注重学生多学科交叉思维的培养,而多学科交叉思维需要在一定的真实情境下才能被激发出来,这无疑应和了表现性评价的内涵。杨雨潇等人将 STEM 教育理念、知识和手段融入高中地理的表现性评价设计中,对 STEM 教育理念融入表现性评价设计进行了可行性分析和设计策略的构思,并给出设计步骤,包括:第一,创设问题情境,表现性评价需要以真实自然的行为表现区作为评价载体;第二,确定表现性评价目标,表现性评价要为 STEM 素养和地理核心素养的培养与测评服务;第三,安排表现性任务课题,即应将 STEM 融入地理学习过程,以表现性目标的完成为导向安排表现性任务课题;第四,制定表现性评价量表,科学可操作的表现性评价量表是表现性评价有效实施的基础。单俊豪等将表现性评价应用于教师教学的评价中,并设计了评价模型。他们认为表现性评价可以提升 STEM 教师评价的专业化程度,还强调了教师表现性评价是提升教师专业能力的重要策略,是一种基于真实教学情境,运用评价量规对教师教学行为的过程表现或结果作出判断与反馈的评价形式。采用表现性评价能够更客观地映射出教师教学的胜任力,准确把脉教师教学过程中的问题点。钟士红针对小学 STEM 课程进行了表现性工具的设计和探索,她认为表现性评价工具的设计方法包括:自上而下的方法、自下而上的方法以及综合设计的方法。她采用学习目标和评价内容的一致性原则、评价标准的清晰性和科学性原则、评价任务的合理性原则、评价主体的多元化原则、评价结果的反馈性和指导性原则,设计了一套基于 STEM 课程的表现性评价工具,并对表现性评价工具的运用策略和实施建议进行了详细的阐述。徐彬对小学 STEM 教育进行了表现性评价的设计,围绕小学 STEM 教育中表现性评价的标准、表现性评价任务以及采用表现性评价对学生产生的效果进行了系统的论述。针对表现性评价的目标、原则、标准,徐彬指出,小学 STEM 教育中表现性评价目标的制定需要借鉴地方 STEM 课程目标、综合实践学科目标以及校本特色课程目标这三重目标。确立小学 STEM 教育表现性评价原则,要考虑到评价目标的科创特点、实践特点以及学生学习特点等。编制评价标准和指标,要根据咨询专家后的结果和具体课程标准来进行。

综上所述,表现性评价在体育学科中的应用研究多集中在各种运动项目上,通过构建表现性评价体系,加深学生对不同运动项目的理解,调动其学习积极性,为体育教师的"教"提供了反馈依据,为学生的"学"提供了标准。在 STEM 教育中设计并运用表现性评价工具,不论是指向教师还是学生都是教育评价方式的一种进步。通过目标、任务、规则、标准的环环相扣,制定出契合 STEM 教育的表现性评价工具,有效解决了教学实践中教育反馈功能不足的问题。与此同时,也为跨学科主题教学的表现性评价工具的设计提供了思路参考。

1.3.2 国外研究现状

通过 Web of Science(WOS)和 EBSCO 检索引擎,以"Interdisciplinary learning"(跨学科学习)为主题词,检索出相关论文 3 441 篇,文献数量太过巨大,因此缩小范围,以"Interdisciplinary thematic teaching"(跨学科主题教学)为主题词,检索出相关论文 52 篇,以"Interdisciplinary thematic teaching"和"Physical education"(跨学科主题教学和体育)的形式检索到相关文献 3 篇。由此可知,国外有关跨学科主题教学的研究比较丰富,而直接和体育跨学科学习挂钩的相关研究还比较稀少。

1) 跨学科的内涵与外延研究

"跨学科"的概念最早在 1926 年由美国著名心理学家伍德沃斯(R. S. Woodworth)提出,他认为"跨学科"是一种解决问题的思维方式和方法。"跨学科学习"是众多跨学科学者在科学和教育界激浊扬清,不断发展的成果,由著名跨学科学者克莱因(J. T. Klein)在1990年提出,克莱因对跨学科学习有着非常独到的见解,他指出:跨学科学习是学习者对某一主题下多个学科知识的创造性连接,是对主题属性进行多维整合的过程。维拉(Vera)阐述了跨学科主题教学的内涵和特征,他指出,跨学科主题教学是一种将两个或两个以上学科或科目的课程目标和方法综合在一起的教学方法,其重点围绕一个特定的主题或问题进行设计。但在一些国家的教育体系中,跨学科主题教学仍然很零散,这是各个国家教育体系中最常出现的问题。雅各布斯(Jacobs)将跨学科主题教学定义为一种知识观和课程方法,有意识地运用一个以上学科的方法和语言来研究一个中心主题、问题、难题、专题或经验。综上所述,跨学科主题教学的含义是通过一个主题整合两个或两个以上的学科知识和技能,从而更好解决一个学科所面临的问题和难题。

2) 跨学科教学的模式与课程研究

美国在跨学科教育模式上,较为典型的是在1986年美国国家科学理事会发表的《本科的科学、数学和工程教育的报告》中首次提出的STEM教育模式。后续,美国的众多学者开始不断重视综合性课程的开发,2006年美国学者乔吉特·亚克门(Georgette Yakman)又将艺术(Art)融入STEM教育模式中。STEAM教育模式起初在美国并不是很受欢迎,美国国民甚至有所抵触,但随着生产力水平的不断提高,越来越多的人开始重视学生综合性能力的培养。经过30多年的发展,STEAM教育模式在世界各地得到了广泛推广。肥胖引起的美国青少年健康问题已经成为美国公共卫生领域的研究热点,为有效改善青少年的健康状况,美国卫生与公众服务部联合教育部在2003年拨款聘请美国马里兰国立大学的恩尼斯和陈昂教授领衔研发了以学校为中心的身体活动干预课程——SPEM(Science,PE&Me,即科学、体育教育和自我)课程。恩尼斯和陈昂在美国城市和郊区的30所学校进行了为期5年的科学验证,研究表明,SPEM课程的实施效果显著,学生在SPEM课程中的期望价值和成就动机、情境兴趣、知识掌握以及体力活动水平和能量消耗均高于传统班学生。同时,也证明了SPEM课程对于促进学生认知发展、自我管理能力的提高和健康生活方式的养成有重要的作用。

芬兰的"现象式教学"备受世界各地教育者的瞩目。"现象式教学"主要目的在于促进学生的全面发展，要求学生针对某一具体现象或主题来进行跨学科学习，而跨学科教学能够帮助学生发现现象之间的关系，建立不同学科知识领域之间的联系，发现现象背后的意义，拓宽视野。2014年芬兰的课程标准提供了多个主题供一线教师进行跨学科教学参考，例如文化认同与国际化、安全与交通等。英国在20世纪80年代进行了一系列的教育改革，为了实现国家层面的课程目标，要求各学校在教学中贯彻跨学科的课程要素，重视综合性课程的开发。英国在小学阶段主要采用跨学科课程联结的教学模式，这里的"联结"类似于"主题"，通过"主题"的形式将不同学科内容进行有机融合。英国北爱尔兰地区的新课程改革和苏格兰地区的"卓越课程"是其跨学科教学实践的主要体现：北爱尔兰地区的新课程改革目标主要是培养学生运用综合性思维来判断和解决问题的能力，以及能做出预见性的选择和决策；"卓越课程"是为了强调在中学阶段进行跨学科学习，即将跨学科项目渗透到每一种专业课程中。德国的萨克森州于2004年颁布的教学大纲中强调了"跨学科教学"这一重要概念，而跨学科教学也成为本次教学大纲改革的重点。德国的教师在进行跨学科教学设计时，通常选择某一学科为核心，然后围绕该学科选择一个主题将多个学科的学习内容有机整合起来。日本在2018年颁布的《学习指导纲要》中也确立了跨学科课程改革的多层次目标体系，其跨学科课程主要包括三种，即人文类跨学科课程、科学类跨学科课程和素养类跨学科课程。综上所述，各国的跨学科教育模式对我国的跨学科主题教学有着深刻的启发性，共同点在于培养学生的综合能力和思维，重视解决实际问题的能力，重在培养复合型人才。因此国内众多跨学科教育教学活动应该借鉴外国跨学科教学的经验，博采众长。

3）体育跨学科教学效益研究

跨学科教学要求不同课程领域相互联系，产生协同效应，即两个或两个以上的学科领域共同致力于同一目标。不同跨学科教学的方法给学生带来的影响是不同的，通过体育与其他学科知识的融会贯通可进一步提高学生的运动技能和健康水平，使体育学科在学校教育中发挥不可或缺的作用。作为最早开展体育运动学业促进价值相关研究的国家，美国和澳大利亚近20年来开展了大量教学干预项目，不断提升干预方案专业化、标准化、趣味性与科学性，相继形成了多种适宜不同年级自由选用的成套教学干预方案,通过随机对照实验,检验应用效果,澄清效益来源。课堂融合模式是在常规课堂教学中嵌入 5~10 分钟与所授知识相关的身体活动或通过体育游戏完成的课堂练习,其教学应用涉及数学、阅读、拼写、科学、艺术等典型的教学模块,包括 3×3 随机字母矩阵跳跃拼写任务、往返跑计数与加减任务、字谜接龙等。随着虚拟现实技术(Virtual Reality,简称 VR)、动作视频游戏(Active Video Game,简称 AVG)、地理信息技术等科技手段在教学中的应用,与地理知识相关的户外运动知识和元素得以通过更具象的形式融入课堂,从而进一步拓宽了体智融合教学的应用范围,提升了课程的趣味性和沉浸感。课间融合模式则以运动为主,其与教学内容的关联匹配程度相对较低,单次干预时间大多在 10~30 分钟。根据课间融合安排的运动内容、运动强度规划差异可进一步细分为结构化课间和非结构化课间。经典干预方案以 ACTI-BREAK、Brain Breaks 和 TWC 步行计划(The Walking Classroom Program)等大型体智融合研究项目最具代表性。

  学者摩根(Morgan)利用跨学科的视角,将教育学、心理学和社会学三个学科相结合并交叉,丰富体育教师和教练对运动训练激励氛围的理解,最终达到帮助参与者营造一个有效和刺激的体育学习环境的目的。洛扎诺(Lozano)等人认为在体育教学中开展跨学科教学的实践活动,有助于学生达到更有意义的综合和特定知识水平。跨学科学习可以促进学生对课程内容的更好理解,并有利于学生掌握技能,从而使学生将相关学习内容学得更扎实。融合数学和体育的跨学科教学方法可能有助于增加学龄儿童的日常运动量和减少久坐行为,还可以丰富数学的各种运算教学,例如加减法。关于减法的学习,结果显示在完全不会做减法的儿童中,ITU 组学生掌握减法的可能性比 TC 组学生增加了两倍。这些观察结果表明,当运动技能和数学概念分别整合到同一单元中教学时,学生可能会以更实际和更有意义的方式在两个科目之间建立有意义的联系,这就赋予了抽象数学理论具体的含义,并提高了学生的数学学习能力。因此,体育教师可以将数学融入体育环境中,使体育在学校中扮演更加核心和不可或缺的角色,而这一发现将会影响到与青少年学生学习过程有关的教学方法。跨学科教学方法能够在初等教育中培养学生可持续发展的能力,通过体育活动教授科学的教学方法,发展动态的反思和合作学习环境,从而加强教与学的关系。以基于科学和体育技能及内容而设计的活动来促进学习,可以培养学生更高的思维水平,然而人们使用体育或艺术等方式来发展科学课程却少之又少。在小学科学教学中融入艺术,为小学生提供了一个提高社交能力和体能的平台。通过跨学科教学,学生将不同学科中的知识与日常生活中的重要知识联系起来。这样的一种学习体验使学生有一种全面的学习视角,对于学习者来说,这种视角要比在学校各学科范围内学习时零碎敲打的方法更为可取,这就是目前的跨学科课程会对已识别的调节能力产生积极影响的原因。而最重要的是,跨学科教学为学生提供了体验式学习的机会,并使他们利用身体感官获取新知识并将其与现有知识相结合。与此同时,瓦勒兰(Vallerand)等人认为跨学科教学有助于学生体验到更多的学习刺激,并保持充分的任务参与和内在动力,以同时体验刺激和知识。此外,米洛西斯(Milosis)和帕帕约安努(Papaioannou)还认为在体育课中开展跨学科教学,能够培养学生的应对技能和生活技能,教导学生设定个人目标和其他自我调节的技巧,可以促进课余体育锻炼的质量提升,增强学生体质。综上所述,国外的研究经验表明,跨学科教学促进了不同学段的学生在知识、技能与生活方面综合能力的提升,同时为学生提供了多样化的学习视角,调动其身体感官的积极性,进一步提高了学习的效率。

4）国外表现性评价研究

通过 Web of Science 检索引擎,以"表现性评价"(Performance Assessment)为主题词,检索出相关论文 120 787 篇,说明国外有关"表现性评价"的研究数量非常庞大;以"表现性评价的量规"(Rubric for Performance Assessment)为主题词,检索出相关文献 289 篇;以"表现性评价的量规研制"(Rubric Making for Performance Assessment)为主题词,检索出相关文献 55 篇。本书将检索到的文献进行筛选,最终得到符合标准的文献 26 篇。

表现性评价在美国各州教师评价系统中的运用较为成熟,并形成了独特的评价体系,其中较为有代表性的包括:2013 年出台并实施且针对教师选拔的 edTPA 表现性评价;马萨诸塞州于 2003 年和 2015 年相继出台的 PPA 和 CAP 表现性评价;加利福尼亚州于 2006 年提出的 PAET 表现性评价。由美国斯坦福大学评价、学习和公平中心(Stanford Center for Assessment, Learning and Equity,简称 SCALE)所构建的教师表现性评价系统 edTPA 于 2013 年正式在全美推行实施,在当时的教育领域掀起了教师表现性评价的热潮。在2017年全美edTPA年会上,斯坦福大学SCALE中心主任皮切诺(R. L. Pecheone)指出了表现性评价工作者的三大核心目标:第一,融入舒尔曼(L. Shulman)的学科教学知识理念;第二,教师评价不仅关注教师自身,更应该关注学生的学习;第三,所有评价都应具有教育性,旨在帮助教师成为更好的教育者。edTPA作为一种真实性评价工具,能够展示教师发展和评价学生学习的过程。edTPA的核心部分是档案袋,主要用来描述和记录教师申请者教学经历中的真实实践,用于处理教学计划、教学、评价、学术语言等问题,以此来真实反映教师申请者的教学表现。马萨诸塞州于2003年根据该州2002年版的《教师专业标准》,实施了职前教师表现性评价(Per-service Performance Assessment,简称PPA)。PPA评价涵盖5个一级指标,分别为计划课程与教学(Plans Curriculum and Instruction)、实施有效教学(Delivers Effective Instruction)、营造课堂氛围和组织活动(Manages Classroom Cli-mate and Operation)、促进公平(Promotes Equity)和践行专业责任(Meets Professional Responsibilities),这5个一级指标还下分为52个二级指标。评价者主要根据问题收集和综合评价证据,判定一级指标的等级——合格、不合格或优秀,最后根据5个等级对候选教师作出总体的评价,判断其是否具备基本的教学能力。2015年的教师候选人表现性评价(Candidate Assessment of Performance,简称CAP)是各州最早制定的第二代表现性评价标准之一。加利福尼亚州于2006年提出的熟练教师表现性评价(Performance Appraisal of Experienced Teacher,简称PAET),PAET是学校评价委员会通过对教师的课堂教学进行观察并记录相关信息,再结合其他渠道对教师作出总结性评价的过程。在该计划中,教师需要总结自己过去几年专业学习和发展的情况,提出未来的专业发展目标和行动方案。PAET通常在学期初开始,在学期末结束,具体包括以下几个步骤:课堂观察前会议、课堂观察、课堂观察后会议、总结性评价附加评价。随着表现性评价理论的不断完善,各种实践问题与表现性评价之间不断碰撞。二十世纪八九十年代,在西方众多国家中,美国的教育理念得益于开放的观念和发达的经济体系,在当时较为先进。美国将表现性评价率先应用于教育领域,无论是教师表现性评价还是学生表现性评价。在这一过程中不断有许多有关表现性评价的专著涌现。

总体而言,国内外在跨学科教学和表现性评价领域的研究均取得了一些重要成果。具体而言,在体育跨学科教学研究领域中,国内仍旧停留在理论探讨层面,缺乏具有说服力的实证研究。相对于国内来说,国外的体育跨学科教学研究已形成较为成熟的跨学科教学模式且具有较高的跨学科教学效益。针对表现性评价的相关研究,最初因为从国外引进,所以刚传入国内时发展较为滞后,现如今表现性评价已被广泛地应用于教育领域。在表现性评价量规的相关设计研究中,国内外都存在着一些共性问题,例如评价量规设计的理论体系还不完善,在实践应用中还存在不足。以上研究均为体育与健康课程跨学科主题教学的表现性评价量规研制提供了宝贵的经验和启示,然而无论是国内还是国外都缺乏现成的体育跨学科教学评价量规设计案例以供参考,因此对于体育与健康课程跨学科主题教学的表现性评价量规的深入研究和探索具有重要意义。

1.3.3　研究述评

伴随《新课标》的颁布,国内体育与健康课程跨学科主题教学研究日益丰富,但仍然停留在初步探讨阶段,主要集中于三个方面:一是体育与健康课程跨学科主题教学内涵特征研究。体育与健康课程跨学科主题教学重视体育与其他"四育"的关系,促进了体育与健康课程和其他相关学科课程的融合,呈现出横向知识的整合性交融、注重教学情境化等多维特征。二是体育与健康课程跨学科主题教学实践策略研究。体育与健康课程跨学科主题教学应立足于核心素养,注重教学空间革新与发展,结合体育与健康课程的特点与教育功能设置,教学过程包含搭建跨学科学习任务群、提出问题驱动、引导学生解决问题和综合评价学习效果。三是国外体育与健康课程跨学科教学经验引入。美国马里兰大学恩尼斯和陈昂领衔开展的基于建构主义理论,以学校为中心的身体活动干预课程——SPEM课程,为国内体育与健康课程跨学科主题教学提供了良好的经验借鉴。

国外体育与健康课程跨学科教学方面研究起步较早,归纳为以下三个方面:一是跨学科教育模式的探讨。美国体智融合课程、项目式教学、STEM教育模式、STEAM教育模式以及芬兰"现象化"教学等,为体育与健康课程跨学科主题教学提供了良好经验借鉴。二是体育与健康课程跨学科教学效益研究。近年来，美国、澳大利亚相继开展了 A+PAAC（Academic Achievement and Physical Activity Across the Curriculum）、Energizers 等体智融合教学实验。实验结果表明：体育与数学融合的跨学科教学不仅有助于提高学生数学学习成绩，同时有助于提高学生在校期间的身体活动水平；物理学习和体育活动的有效结合可以促进整体教育观、自主动机的提升和身体健康。三是体育与健康课程跨学科主题教学策略干预研究。在技术工具的支持下，使用智慧平台、录音和运动技术分析软件有助于受试者获得更具意义的综合知识和提高具体知识水平。由此可知，国外体育与健康课程跨学科主题教学研究更加系统，呈现"实证化"和"精细化"特征。

多数研究限于单一方面的研究，难以形成完整认知，对体育与健康课程跨学科主题教学融合方式、历史脉络等，学术界缺乏统一的认识；体育与健康课程跨学科主题教学实地性调研缺乏，质性研究或者定量研究较少，以"实证取向、案例呈现、方案提供为导向"的研究更为缺乏；体育与健康课程跨学科主题教学研究深度不足，在新课标"大概念"等教学理念引领下，关于体育与健康课程跨学科主题教学设计，尤其是具体操作方案的研究不足。

1.4 研究内容

本书紧紧围绕"体育与健康课程跨学科主题教学模式构建""如何使得体育与健康课程跨学科主题教学有效开展"两条主线展开研究，拟解决以下三个目标：

（1）梳理体育与健康课程跨学科主题教学国内外经验。基于国内体育与健康课程跨学科主题教学现状的考察和访谈，结合国外跨学科主题教学的典型做法，梳理国内外体育与健康课程跨学科主题教学相关经验。

（2）构建体育与健康课程跨学科主题教学的基本模式。依据《新课标》的要求，从理论层面构建《新课标》引领下的体育与健康课程跨学科主题教学模式，为体育与健康课程跨学科主题教学开展提供可操作化的实践指导。

（3）检验体育与健康课程跨学科主题教学模式的效果。选取典型教学案例,对体育与健康课程跨学科主题教学模式的效果进行分析,从实证层面检验体育与健康课程跨学科主题教学模式的成效以及存在的主要问题,凝练体育与健康课程跨学科主题教学的实施建议。

本书的基本思路见图 1-2。

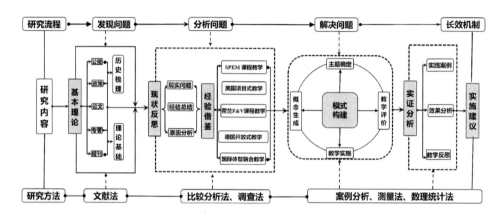

图 1-2 研究思路框架图

基于以上研究思路,主要研究以下内容:

1) 梳理体育与健康课程跨学科主题教学基本理论

基于理论内涵、历史逻辑和实践机理,梳理体育与健康课程跨学科主题教学理论:

(1) 从建构主义理论、认知学习理论等理论出发,奠定体育与健康课程跨学科主题教学的理论基础。

(2) 梳理体育与健康课程跨学科主题教学从体育与健康课程综合性学习、综合实践活动到跨学科主题学习的历史演变脉络。

(3) 探究体育与健康课程跨学科主题教学的实践机理,揭示体育与健康课程跨学科主题教学的实践原则、结构要素和实践进路。

2) 总结国内外体育与健康课程跨学科教学经验

调研国内体育与健康课程跨学科主题教学现状,总结国际体育跨学科课程融合教学经验,形成国际经验启示:

(1) 调研国内体育与健康课程跨学科主题教学现状,总结国内跨学科主题教学经验,分析其中存在的问题和原因。

(2) 选取国外不同类型跨学科课程教学模式案例,包括跨学科课程整合模式,例如美国 STEM 课程模式、SPEM 跨学科概念教学以及国际体智融合课程、荷兰 F&V 课程(Fit and Academically Proficient at School)等,分别进行描述和总结经验。

3) 构建体育与健康课程跨学科主题教学基本模式

《普通高中课程方案(2017 年版)》提出"以学科大概念为核心,使课程内容结构化"的理念。"大概念"是能够将离散的事实或技能联系起来的概念,能够促进不同学科知识连接,加强学科间教学内容的深度融合。研究拟沿着"确立主题→关联学科→教学实施→教学评价→教学反思"路径,构建融入"大概念"体育与健康课程跨学科主题教学模式。实施步骤为:

(1) 确立跨学科教学主题,制定体育与健康课程跨学科主题教学活动方案,并进行相应的教学设计。

(2) 围绕不同水平的体育与健康课程教学内容整合学科知识,以"大概念"为桥梁进行跨学科教学内容整合,建立体育与德育、智育、美育、劳育和国防教育的连接。

(3) 根据体育与德育、智育、美育、劳育和国防教育的特征,设定有效课堂学练方式,实施教学活动。

(4) 紧扣学科核心素养关键维度,注重在教学情境中评价体育与健康课程跨学科主题教学效果。

(5) 进行教学反思,为后续的跨学科主题教学活动提供方向指引。

4) 分析体育与健康课程跨学科主题教学模式效果

该部分内容从体育与健康课程跨学科主题教学实践维度出发,分析体育与健康课程跨学科主题教学模式的效果:

(1) 依据构建的体育与健康课程跨学科主题教学基本模式,选取典型案例开展体育与健康课程的跨学科主题教学。

(2) 采用定量和定性研究方法,紧扣学科核心素养关键维度,对体育与智育、美育、劳育、德育、国防教育融合的跨学科主题教学案例进行效果测评。

(3) 根据测评的结果,分析体育与健康课程跨学科主题教学模式中存在的关键问题,并开展教学反思,从而对体育与健康课程跨学科主题教学模式进行修正、改进和完善。

5）提出体育与健康课程跨学科主题教学的实施建议

在分析体育与健康课程跨学科主题教学现状的基础上，根据体育与健康课程跨学科主题教学模式的实证测评结果，探索体育与健康课程跨学科主题教学的实践规律，提出体育与健康课程跨学科主题教学的具体实施建议。

1.5 研究对象与方法

1.5.1 研究对象

以体育与健康课程跨学科主题教学模式构建与实施效果为研究对象，探讨体育与健康课程跨学科主题教学的现实困境、理论基础、模式构建、效果评价、实施建议等。

1.5.2 研究方法

1）文献法

在 CNKI、WOS、EBSCO 等国内外数据库，对体育与健康课程跨学科主题教学的相关论文和著作进行查询，梳理国内外体育与健康课程跨学科主题教学的历史经验、实践机制，为本书奠定丰厚的理论基础。

2）问卷调查法

采用问卷调查方式对江苏省体育与健康课程跨学科主题教学现状进行调查，系统了解体育与健康课程跨学科主题教学目标、教学内容、教学组织、教学资源配置、教学评价等方面的现状。

（1）问卷设计

本书的问卷内容主要包含个人基本信息、中小学体育与健康课程跨学科主题教学现状调查两个部分。首先是问卷的个人基本信息，包括体育教师和学生的年龄结构以及体育教师的学历分布和专业职称等。其次是对江苏省中小学体育与健康课程跨学科主题教学开展现状调查，包括体育教师对跨学科主题教学的认识，体育课堂中的跨学科教学内容，跨学科教学过程中主题设定、目标设定、情境设定、知识整合、评价设定等。本书的现状调查大致可划分为体育跨学科教学认知现状、跨学科教学设计现状、跨学科教学实施现状、教学反思现状以及学生对跨学科主题教学的认识现状 5 部分内容,具体见表 1-1。

表 1-1　体育与健康课程跨学科主题教学现状调查

问卷维度	具体内容
体育与健康课程跨学科主题教学的认识	重要性
	必要性
体育与健康课程跨学科主题教学的设计	教学对象分析
	教学方案制定
体育与健康课程跨学科主题教学的实施	教学主题设定
	教学目标设定
	教学情境设定
	教学知识整合
	教学评价设定
体育与健康课程跨学科主题教学的反思	教学设计反思
	实施方案反思
	教学效果反思
学生对跨学科主题教学的认识	认识态度

(2) 问卷信度检验

在两所随机抽取的样本学校中随机发放问卷,进行重测法的模拟预发放检验。两周后,再次发放问卷,收集了 30 份教师问卷。对两次问卷测量的相关系数进行分析,相关系数为 0.834,第二次测量的相关系数为 0.846,且两组都具有统计学意义($P=0.00^{**}$)。前后测量的信度检验结果表明,问卷具有显著的一致性和稳定性,具体见表 1-2。

表 1-2　教师问卷两次结果检验

		一	二
一	Pearson 相关	1	0.834**
	显著性（双尾）		0.00
	N	30	30
二	Pearson 相关	0.846**	1
	显著性（双尾）	0.00	
	N	30	30

注：** 为 $P<0.01$。

(3) 问卷效度检验

本书采用专家评定法，由 10 名具有高级职称的教师组成专家组，邀请了 10 名专家对整体结构效度和内容效度进行评分。评分标准包括：非常符合、符合、基本符合、不符合、非常不符合 5 个等级。如表 1-3 和 1-4 所示，本问卷整体具有较高的效度，因此说明所收集的数据能够充分满足本书需要。

表 1-3　问卷的整体结构效度评价

	非常符合	符合	基本符合	不符合	非常不符合
有效人次	3	4	3	0	0

表 1-4　问卷的内容效度评价

	非常符合	符合	基本符合	不符合	非常不符合
有效人次	4	3	3	0	0

(4) 问卷发放与回收

采用阶段分层随机抽样法，对江苏省中小学体育与健康课程跨学科主题教学现状进行调查，分析其中存在的问题，提出合理性的建议。从全省 13 个地级市中抽取 4 个城市，每个城市抽取 2 个区，再从 2 个区中随机抽取 12 所学校，在 12 所学校中随机抽取 1 800 位学生进行问卷调查。为保证问卷填写的质量，问卷采用现场填写、现场回收的方式。最终问卷发放 1 800 份，回收 1 780 份，有效问卷 1 750 份，有效回收率约为 97.2%，具体见表 1-5。

表 1-5　问卷调查回收一览表

	发放问卷/份	回收问卷/份	有效问卷/份	有效回收率/%
男	950	940	927	97.6
女	850	840	823	96.8
总计	1 800	1 780	1 750	97.2

3）测量法

采用三轴加速度计（ActiGraph GT3X＋）、课堂观察量表等测量工具，对体育与健康课程跨学科主题教学效益进行测评，测评内容依据体育核心素养指标，具体包括学生体育学习兴趣、基本运动技能、专项运动技能、知识与理解、身体活动水平等。

4）访谈法

采用访谈法，针对可能影响体育与健康课程跨学科主题教学的因素，对学校体育管理人士、学校体育专家、一线体育教师开展访谈调查，保证课题研究的效果。鉴于访谈调研数据应该全面、广泛且具有代表性，本书选取了江苏省不同地市的学校、不同教龄、不同性别的教师以及学校管理人员作为访谈对象，开展为时 20 分钟的访谈调研。详情见表 1-6。

表 1-6　访谈对象一览表

序号	姓名	单位	职务/职称
1	WRX		教研员
2	ZDR		教授/博导
3	WY		校长
4	DCX		校长
5	DHY		高级教师
6	ZZH		中级教师
7	WBL		中级教师
8	LL		高级教师
9	CSJ		教研员

5）数理统计法

运用SPSS18.0、EXCEL对调查问卷数据进行处理，主要方法：描述性统计、成组资料T检验等，分析体育与健康课程跨学科主题教学实施的效果，对影响体育与健康课程跨学科主题教学效益的相关数据进行深度分析。

6）德尔菲法

在文献资料收集和专家问卷咨询的基础上，对收集到的资料和问卷进行分析，根据分析结果尝试性地制定表现性评价量规，并向相关领域的权威专家进行咨询寻求意见，在专家的指导下研制适用于体育与健康课程跨学科主题教学的表现性评价量规。表现性评价量规投入使用后，再次邀请专家针对实践中反馈的一些问题共同进行修订和完善。本书所采用的德尔菲法共分为两轮，每轮德尔菲法的参与专家包含两类：第一类是高校学术类专家，这一类型的专家主要从量规设计的权威性、学术性等方面进行论证，从学术视角保证量规的有效性；第二类专家主要是一线的教研员和体育教师，选取这类专家的目的在于从一线教学实践视角，对量规的合理性、落地性和可靠性进行深度把控。

7）案例分析法

在构建体育与健康课程跨学科主题教学模式基础上，采用准实验研究方法，选取"校园定向赛·烟花三月下扬州"的教学案例对跨学科主题教学模式在课堂中的应用进行实证分析。选取五年级两个班级作为实验班与对照班，开展对照试验，通过学生的前后测，验证体育与健康课程跨学科教学模式的教学效果，发现实践教学中存在的问题，为体育与健康课程跨学科主题教学模式的构建提供实证支持。

2 概念界定与理论基础

2.1 概念界定

2.1.1 跨学科教学

"跨学科教学"又称学科交叉教学，一般涵盖两个及以上学科领域，这个词最早能追溯到20世纪早期的美国，是由美国心理学专家德沃斯最早提出的，他首次对"跨学科"这一概念作出定义，即超过一个学科范围的科研活动。美国教育学家雅各布斯在杜威、费尼克斯等导师的影响下，逐渐形成了兼顾学科与跨学科的知识观，他认为跨学科教学在一定程度上打破分科主义，有利于建立上下协调、左右融会贯通的课程体系。"Interdisciplinary"一词刚引入国内时，被翻译成"交叉学科"，直到后来才被改成"跨学科"。我国于1985年召开了全国首届交叉科学学术研讨会，钱学森、钱三强、钱伟长等著名学者出席会议并就交叉科学的形成和发展发表讲话。钱学森教授是我国较早并且权威性地定义跨学科概念的学者，他认为，所谓交叉学科是指自然科学和社会科学相互交叉而产生的一种"新生学科"。中国科学技术大学教授刘仲林提出跨学科教学旨在打破分科教学，建立学科之间内在联系，把不同学科的理论和方法进行有机融合，并进行教育教学研究。

国内对于跨学科教学的研究在20世纪50年代开始，通过党的第十一届三中全会、全面拨乱反正以及改革开放等重大事件，在20世纪80年代进入快速发展时期。2022年，我国教育部正式明确提出了跨学科教学理念，并且还将跨学科主题学习纳入体育健康课程内容，这对我国体育与健康课程改革发展具有深远的历史意义。体育与健康课程的跨学科学习是指将体育与健康学科和美育、智育、德育、劳动教育等多门学科进行多学科有机融合,主要是为了让学生综合运用两种及以上学科知识和技能,能够解决现实生活中遇到的难题,从而充分发挥实现学生"五育"并举、锻炼身体、增强体质的课程目标。

国外对于交叉学科的体系建构研究比国内要成熟许多。芬兰于2014年颁布了《2014基础教育核心课程标准》,提出7项跨学科要素,由知识、技能、情感、态度、价值观协同组成,具有连接协调不同学科领域的作用,是参与学习、工作、公民活动的前提。芬兰的课程改革重点旨在发展学生的横向思考能力,重视培养学生学习跨学科知识的迁移与整合能力。芬兰的教学课程中采用了现象教学法,将不同的学科知识融合起来,以促进跨学科能力的发展。日本在新教育运动的影响下,进行了"大正新教育"改革,提出以生活教育为核心促进体育与课程改革的理念。2018年,日本发布了《学习指导纲要》,强调以围绕跨学科的综合性课题进行研究,培养学生横向思维的能力,从而解决现实中所遇到的问题。从上述文献中得知,跨学科教学就是要打破学科之间的界限,注重理论知识逻辑,建立学科之间有意义的内在联系,从而产生出"新型学科",以指导学生跨学科地看待问题和解决问题。本书是以体育与健康学科为出发点和落脚点,探求与其他学科之间的内在联系,以体育与健康课程为重点,以其他学科知识为补充,对于指导学生跨学科地解决现实问题和培养学生综合思维有着重要的现实和理论意义。

2.1.2 跨学科主题教学

跨学科主题教学主要是指基于学生素养发展的需求,围绕某一研究主题,以体育与健康课程内容为主干,运用并整合其他学科的知识与方法,开展综合学习的一种教学方式。跨学科主题教学是能够解决复杂的、开放的体育与健康问题的学习活动,并且是以更好地解决体育与健康课程学习中遇到的关键问题为核心的综合性实践活动。《新课标》首次提出了"跨学科主题学习",重视学生的跨学科主题学习。《新课标》将"跨学科主题学习"解释为引导学生围绕某一主题,将所学体育与健康课程和其他课程(如生物、数学等课程)的知识、技能、方法以及课题研究等结合起来,从而深入开展探究、解决问题的综合性实践活动,并要求体育与健康课程应和其他课程之间进行相互融合,充分发挥体育的综合育人功能,促进学生德、知、体、美、劳全面发展。多学科的融合教学对于学生发展有以下作用:拓展了学生的知识层次,将体育与健康课程和其他学科进行交叉学习,对于打破传统的分科教学思维有着很大的启示;加深了学生对知识的理解程度,跨学科教学有利于激发学生对知识的兴趣,培养学生学习知识、钻研知识的积极性,对培养新时代吃苦耐劳、认真钻研的青少年有很大帮助;提高了学生对知识的迁移和整合能力,通过体育与健康课程和其他课程的多学科教学,有利于锻炼学生横向思考能力,帮助学生获得更多知识,做到举一反三。综上所述,体育与健康课程和其他课程之间有机融合,对于培养学生综合知识技能、整理和分析能力等发挥着重要的作用。

在跨学科主题教学中,学生通过多学科综合性学习能够学习到更多知识。例如,运动生理学、运动生物化学、运动力学等课程可以拓展学生多学科的综合知识。通过将学科知识和体育与健康课程结合,能够激发学生学习兴趣,促进学生综合思维的发展。教师会不断创新教学模式,拓宽自身知识层面。因此,跨学科主题教学能够激发课堂教学活力,营造良好的师生交流氛围,并且能够促进课堂教学从知识学习为主线转变为核心素养培养为主线。

《新课标》背景下跨学科主题教学实施具有可行性。其一,教育理念中素质教育强调培养学生的综合素质,包括知识、技能、态度和价值观等方面。跨学科主题教学符合素质教育的要求。其二,课程改革不断推进,更加重视综合性课程改革,跨学科主题教学是课程改革的重要方向之一,能够满足课程改革的要求。其三,随着社会发展,教学资源也不断增多,为跨学科教学提供了充分的现实基础。其四,学生发展的需要,跨学科主题教学对于培养学生学科核心素养有着很好的帮助,同时有利于拓宽学生知识领域,使其运用自己所掌握的知识、技能,跨学科地解决生活中的问题。总之,跨学科主题教学的发展与研究在当今社会是必然趋势,跨学科教学作为一种创新的教育理念和实践方式,具有重要意义和显著优势,展现出良好的发展前景和可行性。体育与健康课程跨学科主题教学是基于开放的、复杂的体育与健康问题,通过多种学习方式、原理、方法来处理和解决学生真实生活中所遇到问题的综合性实践活动。

2.1.3 体育与健康课程教学模式

体育与健康课程教学模式是指在体育与健康课程教学过程中,在一定的体育指导思想或教学理论指导方式下，建立起的较为稳定的体育教学活动方式。《教育大辞典》中，课程教学模式是"反映特定教学理论逻辑轮廓的、为保持某种教学任务的相对稳定而具体确定的教学活动结构"。根据这一定义，体育与健康课程教学模式是指基于一定体育教育思想或教学理论而建立起来的、具有一套稳定的教学活动的框架和程序，包含以下四个要素：有自身所依据的教育理论或教学思想；有自身特定的教学目标；有自身特定的教学活动步骤及操作方法；有自己适用的教学条件。以此审之，在当今教育改革发展的重大时期，体育与健康课程教学模式的发展随着新环境得到完善和进步，其核心都是为了促进学生全面发展，培养学生的核心素养。

当前，我国的中小学体育与健康课程已经经历了8次变革，在一次次的改革推动下，该课程呈现出以下变化：从指导思想上看，以习近平新时代中国特色社会主义思想为指导，贯彻党的教育方针，落实立德树人的根本任务，同时树立"健康第一"的指导思想。从教学目标上看，新课标提出实行"享受乐趣、增强体质、健全人格、锤炼意志"的改革目标，把握好"教会、勤练、常赛"，从而发挥体育育人的目的，促进学生"五育"并举，全面发展。从教学方法上看，传统的体育教学方法是以传授学生基本知识和基本技能为主，传统的体育课一直在沿用"四段式"教学，并且传统体育课是要求必须列队进行练习的。体育教学方法，重点是为了更好挖掘学生内在潜质，促进学生全面发展，学会主动用自己所学知识来解决生活中的现实问题。如今，体育与健康课程教学方法不断得到改进，例如探究式学习法、合作学习法、情境导入法等一些新型的教学方法，可以更好地满足学生的不同特点和需求。从教学评价上看，教学评价可以说是教学模式的反馈机制，因为它能够及时反映课堂教学情况，能够帮助教师了解教学效果、改变教学策略、提高教学质量。现代的体育教学评价与传统的体育教学评价相比，评价主体、内容、方式有着很大变化。从评价主体上看，传统体育课堂教学评价更加侧重于教师评价，教师根据学生课上表现，如动作的掌握程度、学习态度等进行评估，而学生只能被评价，这不利于发挥学生的自主性。如今的教学评价主体呈现多元化趋势，除了教师评价外，还增加了学生评价等，这样更能培养学生的自我认知和独自思考能力，还能促进家校联动。从评价内容上看，如今，体育与健康课程教学评价不仅是对学生的运动技能和体能进行评价，更考查学生的综合素养，例学习态度、创新能力、优良品德、心理健康等方面。体育与健康课程评价方式的改变体现在：传统的体育课堂教学评价中以终结性评价为主，以最终考试成绩或测试结果为主要评价依据；如今的教学评价采用了形成性评价和终结性评价相结合的方式，不仅关注"结果"而且更加重视"过程"，这样的评价方式会使评价结果更加客观、全面。

体育与健康课程教学模式引用跨学科教学理念，能够发挥更多的应用价值。体育与健康课程跨学科主题教学的价值体现在以下三个方面：在学生层面，跨学科教学将体育与健康学科和其他学科有机融合，使得学生在体育活动中不仅能锻炼身体，还能学习到科学、数学、艺术等多学科知识，跨学科教学可以培养学生跨学科的思维能力、创新能力、团队协作能力和解决实际问题的能力等；在课程教学内容和方法层面，跨学科教学为体育与健康学科带来了丰富多样的教学内容，使体育与健康课程更加富有内涵，教学内容更贴近学生的生活实际。跨学科教学促进了教学方法的创新和多样化，教师可以借助多媒体技术和信息技术，采用丰富多彩的教学手段，教学内容和方法上的改变有利于提高学生的学习积极性和主动性，培养其实践能力和创新精神；在教师层面，跨学科教学要求教师不断拓展自己的知识领域，学习和掌握其他学科的知识和教学方法。这有助于加强教师间的交流，打破学科界限，拓宽教学视野，提升自身的专业素养。总而言之，体育与健康课程教学模式的构建对于跨学科教学的发展是非常有益的。

2.2 理论基础

2.2.1 综合课程理论

综合课程理论是强调课程整合、知识融合以及培养学生综合素养的一种理论，具体是指将两种及两种以上学科的课程内容以某一学科为中心进行有机结合的新课程。课程综合的思想发源于赫尔巴特的教材联络说，他针对当时学校教育中教材内容分裂的现象，根据统觉心理学提出教材联络论，将某一门学科的教学经常性地结合其他学科形成综合性教学，其中历史和数学是中心。在早期课程教育影响下,当时的分科课程占据主要地位,各个学科之间有着明显的界限,导致了人才培养较为片面,这引起了人们对综合课程的重视。而综合课程理论最早可以追溯到20世纪初期德国的合科教学,主要是针对学科课程只向学生传授理论知识而不能解决生活中所遇到的实际问题,是一种脱离实际生活追求课本知识的课程。后来,随着赫尔巴特、齐勒等学者对综合课程进行深层次的研究分化出许多的课程,如融合课程和广域课程,以儿童本位综合的活动课程,以社会本位综合的核心课程和以知识本位综合的相关课程等。融合课程和广域课程主要是指以某一学科为中心,与其他学科相互融合形成的一种综合性课程。儿童本位综合的活动课程主要指将儿童本位教育与社会本位教育相结合,以儿童当下的经验、兴趣、需要、发展为中心来培育儿童综合解决问题的精神和能力,主要包括身心健康、语言与沟通、艺术与创造、体育与健康等方面,以促进儿童的全面发展。社会本位综合的核心课程是一种以社会为基础,综合多个学科内容的教学方法,主要是围绕一些重点的社会问题来组织教学内容,又称问题中心课程。这种课程旨在培养学生的批判性思维、创新能力、团队合作能力和社会责任感,使他们理解和解决现实生活中的问题。总之,从上述各种综合理论流派来看,其精髓都是一样的,都注重综合性教学,在教学中制定综合性课程来打破学科间的壁垒,使各学科之间可以相互联系、相互作用,进而帮助学生在课堂上获取更多的知识,拓宽其知识层面,培养复合型人才。

当前,学科之间相互交叉、渗透和融合,是人类知识发展本身的内在要求和客观趋势。将综合性课程理论运用到跨学科教学中能发挥巨大作用,重点体现在以下三个方面:打破学科间的界限,拓宽学生知识层面,有利于培养学生对事物的整体认识能力;综合课程减少了课程的门类,在一定程度上提高了教学效率,并且有利于减轻学生负担;综合课程是从真实生活、社会实际出发,具有较强的实践性,有利于培养学生的实践能力和综合素养。总之,跨学科教学的本质与综合课程理论是相呼应的,二者均主张打破学科之间的壁垒,建立学科间的内在联系,将多学科的课程联系在一起,促进多学科交叉融合。综合性课程更新了传统教学方式,运用多种教学方式、方法、理论进行综合性教学,激发课堂活力,对于教学方式改革起到了促进作用。同时,综合性课程注重学生综合素质的培养,鼓励学生跨越学科学习,探索各种知识领域,还注重学生的实践能力和综合素质的提升,有助于培养具有创新精神和实践能力的人才。由此可知,综合课程理论是跨学科教学模式构建的重要理论基础。

2.2.2 建构主义理论

建构主义理论是指以原本的经验、心理结构和信念为基础来构建知识,同时对新知识的意义进行建构,对旧知识进行重组。建构主义学习理论最早来源于儿童认知发展的深层次研究,由于个体自身的认知发展与学习过程之间有着密不可分的关系,因此利用建构主义理论可以更好地说明人类学习过程的认知规律。追根溯源,20世纪中期是一个动荡的年代,世界各国都在经历巨大变革,这些变革对于教育和认知学习起到了推动作用,为建构主义的形成和发展提供了理论依据。建构主义理论起源于瑞士发展心理学家皮亚杰的认知发展理论,并在20世纪80~90年代信息技术的冲击和对创造性人才的需求下,逐步被人们重视,1990年末被引入我国教育界,学界开始了对建构主义发展的研究。建构主义理论的形成和产生受到了其他各个学科领域的影响,包括认知心理学、教育哲学、社会文化理论等。在认知心理学方面,早期的认知心理学研究为建构主义形成和发展提供坚实的理论依据,这些研究注重学生记忆、注意、感知、知识表征、推理、创造力以及问题解决的认知过程。同时,个体学习者在构建知识过程中也被着重强调。在教育哲学方面,一些教育学家如维柯的《新科学》表明,文明社会确凿无疑是由人创造出来的。社会的各项原则能够在人类自身心灵的变化中被发现,并且这一创造社会的过程也塑造了人自身。正是由于人类通过社会塑造自己,所以永恒的人性并不存在,每一种文化都必须与人类的创造相关联。维柯指出,人们只能清楚地理解他们所建构的一切。正因如此,当今激进建构主义的主要代表人物冯·格拉塞斯费尔德称维柯为"18世纪初建构主义的先驱"。在社会文化理论方面,苏联心理学家维果茨基的社会文化理论着重指出了社会互动以及文化背景在认知发展中起着关键作用,该理论强调学习者正是在社交互动的过程中构建起知识并形成理解。因此,认知心理学、教育哲学、社会文化理论中的部分理论与建构主义理论相呼应,这些科学领域的共同推动促使了建构主义理论的形成与发展。

建构主义理论的主要代表人物包括皮亚杰(J. Piaget)、维果茨基(Vygotsky)、科尔伯格(Kohlberg)、哈蒂(Hattie)等。瑞士心理学家皮亚杰在认知发展领域中具有巨大影响力,他基于对儿童认知发展的深度研究而创立的学派则被人们称为日内瓦学派。他主张,儿童是在同周围环境相互影响的过程中对外界进行建构,从而发展自身的认知。儿童与环境的相互作用涉及两个内容,既同化和顺应。同化是指个体在外界刺激影响下将所接受的信息整合到自己原本认知结构内的过程;顺应是指个体的认知结构在外部刺激的影响下而发生改变的过程。科尔伯格在皮亚杰"认知结构说"的基础上,对认知结构做了进一步解读。苏联著名学家维果茨基所创立的"文化历史发展论",特别强调认知过程中学习者所处社会文化历史背景的重要性,并提出"最近发展区"理论。因此,在建构主义思想指导下,教师可以形成一套全新的认知学习理论,在此基础上能够构建较为理想的建构主义学习环境,从而促进学生的全方位发展。

在建构主义学者看来,知识不是通过教师传授而得到的,而是学习者在一定的情境即社会文化背景下,通过借助其他人(包括教师和学习伙伴)的帮助、必要的学习资料、意义建构的方式而获得的。例如,在学习历史事件时,学生不是简单地接受教材上关于事件发生的时间、地点、人物等信息,而是通过查阅多种资料、与同学讨论、分析当时的社会政治经济背景等方式来构建自己对这一事件的理解。跨学科教学同样认为知识不是孤立存在的,它鼓励学生跨越学科界限去构建综合性的知识体系。例如,在一个关于"运动损伤"的跨学科主题教学中,学生需要综合运动损伤学中关于损伤后恢复的措施与处理的办法等方面的知识,解剖学中关于肌肉、骨骼等方面的知识,营养学中关于摄入食物中的不同的营养对于损伤恢复的作用等方面的知识,构建起对于运动损伤全面而深入的理解。这种理解不是单一学科知识的简单相加,而是知识的一种重新建构。从上述内容来看,建构主义高度重视学习者的主动性,认定学习乃是学习者以自身原有的知识经验为基础,生成意义并建构理解的过程,且这一过程往往是在社会文化的互动之中得以完成的。这与跨学科教学是有相同之处的,都体现了交叉融合。因此,建构主义理论是体育与健康课程跨学科主题教学模式构建的重要理论基础。

2.2.3 情境认知理论

情境认知理论是继行为主义"刺激—反应"学习理论与认知心理学的"信息

加工"学习理论后,与建构主义大约同时出现的又一个重要的研究方向,它试图纠正刺激反应和符号学说的失误。情境认知理论试图纠正认知的符号运算方法的失误,特别是完全依靠于规则与信息描述的认知,仅仅关注有意识的推理和思考的认知,忽视了文化和物理背景的认知。该理论高度关注知识、认知以及学习等方面,其中对知识的评价与认识是关键特征。情境认知理论并非仅将知识视作个体内部的心理表征,而是把知识与社会的具体情境紧密相连,指出知识具有情境性特征,知识来源于真实的生活和情境,任何知识都无法脱离具体情境而存在。在知识的应用过程中,人们会不断地对知识进行深化和丰富。情境认知理论的重要代表人物有让·莱夫(Jean Lave)和爱丁纳·温格(Etienne Wenger)。莱夫与温格在对"学徒制"展开研究的过程中,创新性地提出情境学习理论。在他们的观点中,学习并不是孤立于现实之外的单纯知识的获取过程,而是一个切实参与真实社会实践的动态历程。知识也并非孤立地存在于书本或抽象的概念之中,而是深深扎根于实践共同体所开展的各种情境活动之内。他们还强调学习的情境性、社会性和实践性,对后来的教育研究产生了深远影响。

情境认知理论的发展主要经历了三个阶段:第一个阶段是源于行为主义的"刺激—反应"学习理论,这一理论重视操作性行为,却在一定程度上忽视了人的思维,主张人的思维只是简单的刺激—反应的联结。在此影响下,认知理论得到进一步发展。第二个阶段即认知学习理论,认知学习理论指出,学习并非在外部环境操控下被动产生的"刺激-反应"联结,而是于头脑内部主动构建认知结构。学习并非依靠练习与强化来形成反应习惯,而是经由顿悟与理解去获取期待。有机体当下的学习取决于其原有认知结构以及当前的刺激情境,学习受主体的预期指引,而非被习惯所左右。第三个阶段是建构主义学习理论,着重突出以学生为中心。一方面,它要求学生从外部刺激的被动接受者以及知识的灌输对象,转变成为信息加工的主体和知识意义的主动建构者;另一方面,也要求教师从知识的传授者、灌输者,转变成为学生主动建构意义的帮助者、促进者和引导者。因此,情境认知理论经历这三个重要阶段得到不断发展和完善。

情境认知理论与跨学科教学之间有着密不可分的关系。首先,从情境认知理论的角度看,该理论强调知识来源于真实的生活和情境中的应用,学习并不只是个体头脑中的活动,它在真实的场景或生活中,通过与情境的反应以及与其他人的合作来实现,由此将学习放置于特定的具体环境,学习者才能更深刻地理解知识。情境认知理论对于跨学科教学也有着指导意义,并为跨学科教学提供了全新的教学方式、方法,比如通过创设复杂、真实的问题情境以激发学生的兴趣,提高其积极性,促使其运用跨学科的思维方法去综合思考生活中的问题。在特定情境中,学生会根据情境主动去回忆原本知识,学习新知识,理解知识并且加以运用,从而提高综合素养和创新能力。因此,情境认知理论可以为跨学科教学提供科学的指导。情境认知理论与跨学科教学两者之间相互促进、相辅相成。情境认知理论为跨学科教学提供了坚实的理论基础和科学的教学方法,而跨学科教学则为情境认知理论的应用提供了广阔的舞台。因此,将情境认知理论与跨学科教学相结合,可以更好地培养学生的综合素养和创新能力,使其适应社会的发展。

2.2.4 学习迁移理论

学习迁移理论是教育心理学中的一个重要概念,是学习理论的重要组成部分。学习迁移理论是指一种学习对另一种学习所产生的影响,或者是已经掌握的知识经验对完成其他实践活动产生的效果。这种影响主要体现在知识之间的迁移,人们参与学习活动必然会进行知识的迁移。早期的迁移理论主要包括形式训练说、共同要素说、经验类化理论、关系转换理论等。

形式训练说是最早的学习迁移理论,该理论认为迁移要经过一个"形式训练"的过程才能产生,曾在欧美盛行了约两百年,理论来源于德国的官能心理学。官能心理学指出,人的注意、知觉、意志等官能类似于肌肉语言可以通过特定的训练得到锻炼,进而不断提高,而这些得到提高的官能又进而影响其他活动,从而发生了迁移。官能训练注重训练的形式,却不重视训练的内容,它认为内容是会被遗忘的,所发生的作用也只是一时的,而只有通过这种形式的不断训练而达到的官能的提高才能保持长久,也才能迁移到其他知识运用中。形式训练说认为,迁移的发生是自动的、无条件的。由于该理论缺乏可靠的事实依据和科学的理论依据,所以一些研究者提出了疑问和反对。

共同要素说又称为"相同要素说"。该理论主要代表人是桑代克(E. L. Thorndike)和武德沃斯(R. S. Woodworth),他们在反对形式训练说基础上提出了一种学习迁移理论。桑代克以大学生为实验对象，首先让他们对平行四边形的面积进行估计，并且进行训练，然后对他们进行测验，结果表明，实验对象判断平行四边形的面积的能力得到了提高，但判断其他形状的图形的面积的能力却没有提高。因此，形式训练说中的对某一个官能进行的训练，并不能使其所有方面得到改善。他认为，迁移的发生是在两种学习之间有共同要素才能够进行的。最后，该理论认为迁移是具体的、有条件的，对迁移的研究也得到了深入，但是它所提出的共同要素只是指元素间的一对一，在一定程度上否认了迁移在复杂的活动中的作用，因此该理论也有其局限性。

经验类化理论又称"概括化理论"，是由贾德（Judd）提出的，该理论认为一个人对自身的经验进行概况和总结，就可以完成从一个情境到另一个情境的迁移。1908年贾德所进行的"水上打靶"实验是该理论的经典例子。从实验结果得知，学过折射原理的一组学生的投掷准确率比没有学过折射原理的一组学生的投掷准确率高。根据这个实验结果，贾德认为学生通过理论知识的学习，加上理解了实际情况，就可以概括总结获得经验，从而迅速解决实际情况和出现的新问题。

关系转换理论的主要代表人物是苛勒（W. Kohler），1919年苛勒的"小鸡（幼儿）觅食"实验是该理论的经典案例。实验表明：小鸡对于新的刺激物（黑色纸）的反应比例为70%，对于原来的阳性刺激物（灰色纸）的反应为30%；然而，幼儿在进行同样实验时，始终会对黑色纸的刺激做出反应。根据实验结果，苛勒认为，迁移的产生取决于两个条件：其一，两种学习之间具有一定的关系；其二，学习者能够理解并顿悟这一关系。在这两个条件中，后者相较于前者更为重要。具体而言，理解力越强，对于总的情境的知觉便会越完善，进而概括化的可能性也就越大。

从以上四种早期迁移理论学说来看，它们各自对于迁移都有自己强调和重视的某方面，但由于当时研究的理念和角度不够先进以及研究手段、方法比较落后，因此迁移理论还没有取得实质上的进展。

在跨学科教学过程中，学生的学习是一个动态过程，学科知识的融合也是动态的，这有助于研究学习迁移在动态学习情境中的发生机制。例如，在一个以解决体育环境问题为主题的跨学科课程中，学生需要不断整合化学、生物、地理等学科知识。在这个过程中，迁移不是一次性完成的，而是随着问题解决的进程不断发生和调整的,这为学习迁移理论中关于迁移的动态性研究提供了丰富的素材。经历过现代学习迁移理论的不断发展,学习迁移理论与跨学科教学之间也存在着特别的联系,前者对后者发挥着至关重要的作用,对学生与教师皆有积极的影响。借助学习迁移理论,教师能够设计出更具启发性的教学活动,推动学生综合能力和跨学科思维的发展。在持续发展变化的教育环境下,将学习迁移理论和跨学科教学相结合,能够为学生带来丰富且富有意义的学习体验,因此学习迁移理论也为体育与健康课程跨学科主题教学模式的构建提供了理论基础。

3 体育与健康课程跨学科主题教学历史追溯

体育与健康课程跨学科主题教学的发展并非一蹴而就，而是建立在社会综合发展的基础上，是体育教育改革的应然趋势。自新中国成立以来，国家教育政策一直坚持培养社会主义人才的路线。经过长时间的实践探索与制度改革，1957年毛泽东主席提出"使受教育者在德育、智育、体育几方面都得到全面发展"，并提出一系列方针政策：德育方面强调培养"又红又专"的社会主义接班人和劳动者；智育方面强调开展识字和扫盲教育，发展中高等教育；体育方面提出"发展体育运动、增强人民体质"的方针；美育方面提出"百花齐放、百家争鸣"的方针，提倡为无产阶级政治和劳动人民服务的艺术活动与教育方针；劳动教育方面强调"教育与生产劳动相结合"的方针。1999年中共中央、国务院《关于深化教育改革全面推进素质教育的决定》将德、智、体、美、劳作为全面发展的主旋律。

直至21世纪，我国体育与健康课程跨学科主题教学的研究呈现雏形，总体而言可分成三个阶段：第一阶段：早期体育"综合性学习"萌发（1904—2001年）。第二阶段：体育"综合实践活动"课程（2001—2022年）。第三阶段：体育课程跨学科主题式教学（2022年至今）。在第一阶段，受西方教育理念的影响，我国开始重视体育在教育中的作用，一些试点学校开始尝试将体育与音乐、美术等学科进行融合，为后来的体育跨学科主题教学发展奠定了基础。在第二阶段，国家明确将综合实践活动纳入《义务教育课程设置实验方案（2001版）》。2018年，习近平总书记在全国教育大会上强调要培养德、智、体、美、劳全面发展的社会主义建设者和接班人。在第三阶段，学界大量研究了体育跨学科主题教学对全面育人的成效，体育与健康课程跨学科主题教学改革得到深入发展。2019年2月，中共中央、国务院印发《中国教育现代化2035》提出了"要注重学生的全面发展,大力发展素质教育,促进德育、智育、体育、美育和劳动教育有机融合"的新意。教育部颁布的《新课标》中,增加了跨学科主题学习板块,强调"体育与健康"与其他学科之间体系的构建,体育与健康课占总课时的比例仅次于语文和数学,标志着体育跨学科教学迈入全面协同发展的新时期。追根溯源,我国教育改革进程中的综合性课程、合科教学、学科交叉教学等均体现了跨学科主题教学的雏形。早期体育与健康课程"综合性学习"、体育与健康课程"综合性实践活动"为体育与健康课程跨学科主题教学的发展提供了历史性经验借鉴。

3.1 第一阶段:早期体育"综合性学习"萌发(1904—2001年)

早期体育"综合性学习"缘于体育教育的综合性特征,根植于体育蕴含德育、智育、美育和劳育元素。毛泽东在《体育之研究》中曾经指出,"体者,载知识之车而寓道德之舍也",可见体育是德育、智育等学科发展的基础。1904年,伴随《奏定学堂章程》的颁布,体育以分科教学的方式呈现,学科之间的界限变得越来越清晰,综合性学习思想与实践相对零散,但体育综合性学习已经开始萌芽和发展。20世纪30年代,初步形成的知识本位相关课程体现了综合性学习特质,即学科间保持各自独立的状态,体育主动与其他学科建立相关知识的联结,这为后期体育课程跨学科主题教学的开展提供了雏形。早期体育与健康课程综合学习主要体现在以下两方面:

1)"学科并重型"综合性学习

"学科并重型"是指当需要进行解决某个问题、阐述某个观点、探究某个现象等一系列研究时,联结两个或两个以上的学科知识去学习探索。早期"学科并重型"体育与健康课程综合性学习缘于体育与健康课程的综合性特征,具有历史渊源与实践积淀,体现于:

(1) 体育与德育"学科并重型"综合性学习

战国末年的《学记》中体现了"心育优先"的教育价值观,儒家"六艺"中的内容体系和表达方式囊括"礼、乐、射、御"。明末思想家颜元在其论著中提出"礼、乐、射、御之学"具有"健人筋骨和补人血气、调人性情、长人仁义"的内生动力。

在当时泛德育化的历史背景下,道德的教育引领着体育的教育,但是却将"强健体魄"作为道德修养的外部表现,实际上表达着体育与德育思想的融会贯通。在如今"五育"融合的背景下,体育与健康课程在拓展青少年德育的功能上依旧具有深厚的挖掘价值,主要体现在三方面:首先,经常有规律参加体育锻炼与竞赛,有助于焕发青少年青春活力、乐观开朗的生活态度和人生价值观的构建。这是体育不同于其他学科的教育功能,它源于体育"欢乐游戏、虚拟胜负、情感体验"的文化特性,有助于褪去压抑的情感,感受积极向上的精神。其次,经常参与体育锻炼与竞赛,有利于青少年意志的锤炼,培养不怕苦累、自发坚持的奋斗精神,提升抗挫折能力。这也是体育明显不同于其他文化学科的教育功能,它源于体育"承受负荷、参加训练、输赢结合、伤病难免"的文化特质。最后,经常参与体育锻炼与竞赛,有利于培养青少年的健全人格,促进社会化建设,这是体育明显区别于其他文化学科的教育功能。它源于体育"团结协作、遵守规则、集体意识"的文化特点。

(2) 体育与美育"学科并重型"综合性学习

体育与健康课程中的美育资源蕴含在运动美的认知和表现中。运动美包括形体美、姿势美、节奏美、精确美、协调美、速度美、力量美、柔韧美、耐力美、灵敏美、难度美、新颖美等。无论学生是运动美的表现者还是鉴赏者,上述运动美都会成为他们认知和追求的对象。1936年公布的《小学课程标准总纲》,将低年级"体育"和"音乐"合并为"唱游",是一种将歌唱、律动、集体舞等多种艺术活动相榫接的综合性游戏化音乐活动。1942年的《小学体育科课程标准》包括了听琴动作、基本步伐与舞蹈等韵律活动。1987年的《全日制小学体育教学大纲》中,韵律活动板块包含了律动、表情歌舞、集体舞等,其中涉及大量音乐元素。"学科并重型"综合性学习基于学科要素的共同融合,保留了体育与健康课程自身的逻辑,建立了体育与其他课程内容横向联结。

(3) 体育与军事训练"学科并重型"综合性学习

中国古代的射御、弓射、弩射、骑射、兵技、武举、狩猎、角抵、剑道、蹴鞠、击鞠、武术等都与古代战争相联结。在当时中国内外矛盾重重、民生凋敝的背景下,军事教育被作为有效杠杆来撬动国民军事战斗技能的提升。1902年,《钦定中学堂章程》规定,中学第三年起,体操课内容为"器具操,兼兵式"。1904年《奏定学堂章程》提出"宜以兵式体操为主",将军事体育开始提前。

2)"学科拓展型"综合性学习

体育教学实践中通常以体育知识为出发点,挖掘体育所蕴含的德育、智育、美育和劳育元素,加以融合形成体育学科知识交叉拓展。"学科拓展型"综合性学习以激发、培育和发展学生的学科兴趣,开发学生的学科潜能为关照点,为学生提供多种学习途径,助力学生全面发展。以体育与劳动教育相结合的"学科拓展型"综合性学习为例。1954年,新中国颁布了第一个体育制度,即《准备劳动与卫国体育制度》(简称"劳卫制")。在国家建设时期背景下,"锻炼身体,保卫祖国,锻炼身体,建设祖国"的口号在"劳卫制"思想中一直延续着,以青少年为重点的人民体育锻炼标准,激励了几代人进行刻苦的体育锻炼,使体育与劳动者有了更直接的联系。体育与劳动教育的有效对接体现在如下几个方面:

(1)"体育精神"与"劳动精神"的内在契合

劳动精神和体育精神在本质上一脉相承,在精神传递、弘扬过程中相互融合、相得益彰。身体力行是涵养劳动精神的重要途径。劳动精神强调的是勤奋、努力、坚韧不拔和团队协作,而这些品质在体育领域同样至关重要。在学习生活中,学生以锻炼身体、参与志愿服务等形式,积极践行劳动精神,以身体力行来表达对劳动的尊重。珍视"劳卫制"精神在新时代的弘扬,助力学生"享受乐趣、增强体质、健全人格、锤炼意志",对体育和劳动教育来说都是首要行动。

(2)"体育技能"与"劳动技能"的内在联结

二者在力量、速度、耐力、灵敏、柔韧性的开拓方面是互为贯通的;"体育技能"与"劳动技能"的内在联系,在走、跑、跳、投、抓、支撑、悬垂、搬运、负重、拉拽、平衡等动作技能培育方面有着吻合的目标与功能;在当下青少年体质日益下降和青少年吃苦耐劳精神缺乏的情况下,体育和劳动在教育方面亟须有着焕发内生动力的现实需求;在锻炼内容和方法上,体育教育与劳动教育有着相媲美之处。1955年教育部颁发的文件在劳动教育如何实施时提出:"它(指手工劳动)的教学,应当和有关学科的教学密切联系起来",诸如"体育游戏教学所需要的游戏体育用具,可在手工劳动教学中选用各种容易加工的材料予以制作"。例如,在运动项目教学过程中,教师通常以运动技术要领为线索,融入运动生物力学、运动解剖学等原理性知识,帮助学生加强对运动项目的理解,达成体育课堂深度学习。以一年级学生为例,在特殊天气条件下,由室外体育与健康课程转入室内体育与健康课程时,体育教师可以利用教室多媒体设备,结合一年级学生活泼、好奇心强、善模仿等特点,设计手势舞。在轻松的氛围下,使学生各个感官得到调动,培养学生手脑结合的能力,挖掘学生的韵律感、节奏感和协调性。针对多媒体学习手势舞容易造成学生眼部疲劳的弊端,体育教师可以让学生认识到眼睛在生活中的重要性,认识到近视的原因和危害性,向学生传授正确的眼保健操,帮助学生掌握预防近视的方法,并养成科学用眼的卫生习惯。综上,无论是"学科并重型"还是"学科拓展型"综合性学习,均体现了大体育观的教育思想,阐释了以体育为主线的综合教育观,为今天的跨学科主题教学提供了雏形。

3.2 第二阶段:体育"综合实践活动"课程(2001—2022 年)

教育部印发的《基础教育课程改革纲要(试行)》(教基〔2001〕17 号)在确定新课程的结构时,提出以下要求:综合性实践活动作为必修课程安排在小学至高中,主要包括研究性学习、社区服务、社会实践、信息技术学习、劳动教育学习等内容,强调学生以实践探究和创新意识为主,以科学研究方法学习为辅,条理化、系统化地学习综合性知识。"综合实践活动"课程是依据学生的直接经验、将学生自身生活与体育课堂教学、体育社团、竞技体育俱乐部等有机结合的一种课程形态,是一种以学生自身经验与生活的有效互动。"综合实践活动"课程的教学内容,采用不同的个性化教学方式,随着学校、学生等不同而有所不同。2001 年 11 月颁布的《义务教育课程设置实验方案》强调改变课程缺乏整合、知识碎片化的问题,加强课程综合性,要求综合实践活动、地方与学校课程共占比为 16%~20%。综合实践活动前身为学校开设的课外活动课,以"主题、探索(体验)、表达"为形式,重点关注"知识"和"技能"的整合,注重学生的真实体验。在此政策的引领下,各个学校体育与健康课程综合性实践活动得到一定程度的开展。例如,某小学按照《中小学综合实践活动课程指导纲要》要求,基于建构主义学习理论和杜威的"做中学"理论,将体育与健康课程综合性实践活动案例类型设置为生活体验类、设计制作类、健康教育与生命安全类、民族文化类四大类,同时制订了体育与健康课程综合实践活动计划,分别设计了"环保小卫士""三人连体小足球赛""我是小小消防员""认识五禽戏"等主题活动,以此促进体育与健康课程内容的有效拓展,通过发挥体育的实践性特征促进体育与社会生活的联系。为了更好地对"综合性实践活动"的理念进行有效诠释,国家在"综合性实践活动"课程中特别指出了几个重要的内容参考点:

1) 体育"综合实践活动"与研究性学习

体育"综合实践活动"与研究性学习是指学生根据自身对事物的兴趣,在体育教师的引导下围绕生活、社会、学校等方面主动发现问题、分析问题、解决问题的学习过程。强调在实践中培养学生创新意识和实践能力,逐步形成辩证逻辑思维和高效行动力。比如:在体育课堂中,体育教师采用自主学习、小组学习的方式引导学生。利用加热前后口香糖的区别(加热前口香糖弹性弱、容易拉断;加热后,口香糖弹性强,不易拉断),从而探究田径课堂运动前不热身肌肉容易拉伤,而热身后肌肉弹性好、不易拉伤的原因。

2) 体育"综合实践活动"与社区服务、社会实践学习

体育"综合实践活动"与社区服务、社会实践学习是指学生在体育教师的统一带领下,走出体育课堂,参与到社区和社会实践中去,从而获得实践经验、锻炼学生的实际操作动手的能力,以及焕发学生的社会责任感和爱国主义精神为主题的学习过程。通过这种学习过程,学生可以逐步提升自身与社会的联系,为以后走向社会奠定基础。比如:在体育课堂中,教师提前安排好本次课的学习计划,带领学生前往敬老院、小区、体育俱乐部、体育协会等开展一系列体育服务。学生利用自身在体育课堂中学习的体育知识技能去与社区、社会人员产生互动与服务,拓展自身体育知识和技能,潜移默化受到陶冶,形成良好的社会价值观。

3) 体育"综合实践活动"与信息技术教育学习

体育"综合实践活动"与信息技术教育学习是指学生在体育教师的指导下,利用网络、多媒体、广播、人工智能等媒介来探究或查询与体育相关知识的学习过程,从而培养利用科学工具解决体育问题和获取体育知识的能力。多角度地利用信息技术探究问题,增强学生信息技术意识,发展学生对信息进行有效辨析的能力,从而使其适应当今信息时代的飞速发展。譬如:体育教师在体育课堂利用可穿戴手表、手环和运动背心将学生的运动成绩可视化,并进行心率监控、日常运动分析。在1分钟跳绳中,通过对学生1分钟的心率监控,来判定学生的运动强度与效果,预防运动损伤的出现,并根据完成情况安排后续课程。这让体育教师与学生对运动效果有了更具象化的认识,激发了学生学习兴趣,提升了教师教学能力。

4) 体育"综合实践活动"与劳动教育学习

体育"综合实践活动"与劳动教育学习是指在体育课堂中,体育教师结合劳动为学生创设体育学习情境,开展相应的体育游戏,让学生了解一定的劳动技能,为培养学生的劳动素养打开"天窗",使得学生能够体验劳动带来的乐趣,锻炼意志,焕发由内而外坚韧不拔、吃苦耐劳的精神。譬如:在体育课堂教学中,以"往返接力跑"教学为例。教师将体育与健康课程和劳动教育结合起来,普及劳动知识技能,开展"我来捡南瓜"的游戏。在运动过程中,教师将一个篮筐放在终点位置,将几个篮球作为南瓜,让学生每次手拿篮筐运回一个南瓜,学生分成若干组,对比哪个小组最先将南瓜运回起点。在这一过程中,体育教师可以对学生进行如何收获南瓜劳动知识的拓展,同时教授学生相关劳动技能。一方面,学生可以有效掌握收获南瓜的相关劳动技能;另一方面,也可以引起学生对体育课堂的兴趣,焕发体育课堂活力。

除了以上四种外,体育"综合实践活动"课程还包括其他类型,例如:体育"综合性实践活动"与班集体活动学习、体育"综合性实践活动"与心理健康学习等。这些活动既可以通过与"综合实践活动"相结合的方式开展,也可以单独的方式开展。但是,综合实践活动开设的价值导向必须与学生全面发展的核心素养目标相契合,体育"综合性实践活动"价值主要体现在以下几个方面:

1) 有助于加强体育知识与能力的融合

"综合实践活动"内容添加到体育与健康课程教学中,有助于培养学生在学习和生活中的问题发现、问题分析、问题解决、交流合作、社区服务以及信息技术、劳动等方面的能力,并作为教学活动中的重要关照点。学生可以按照个人喜爱,结合自身特长与需求,选择适合自己的方式参与到"综合性实践活动"中。在体育课堂中,学生既可以完成体育教师布置的学习任务,又可以掌握与运用相关专业知识。例如:在"跳绳"教学时,体育教师可以采用情境导入、趣味游戏、花式挑战等教学方式,寓教于学。组织学生玩"模拟直升机"小游戏,手握绳子,利用手腕力量将绳子甩出直升机螺旋桨的运动轨迹。在游戏中,学生潜移默化地掌握手腕甩绳的技术动作,从而学会跳绳的摇绳动作。变革学习的组织方式和方法,使学生成为学习主体,充分贯彻"以生为本"的教学理念。让学生在学习体育的同时,掌握知识,体验乐趣,逐步建立起对体育的兴趣,同时让知识与能力相融合,打下夯实基础,为之后的体育学习做好充分准备。

2)有助于拓展体育课程教学内容

长期以来中小学体育学习方式较为单一,很多人一提到体育就容易联系到操场运动、广播体操练习等。运动技术水平作为评价学生体育学习水平的标准,导致出现很多学生喜欢体育但不喜欢体育课、运动参与度不高的现象。在体育与健康课程中增添"综合性实践活动"有助于课程教学的拓展。例如:在体育课堂中,通过跳皮筋的游戏体验,发展学生身体的协调性和灵敏性。同时,使学生了解民间传统运动项目以及通过跨跳、双脚交替跳等动作,培养他们坚强勇敢、直面困难的精神。譬如:将某些学生分成10人一组,学生各自将双手伸出,去握住其他学生的双手,形成一个"结"。在各自不松开双手的条件下,通过交流协助,在最短时间内将"结"打开成圈或者成手拉手的大圈,则判为完成游戏。集体沟通解决一个难题,让学生体会沟通的重要性。综合性实践活动的实施,重新让体育与健康课程回归到以学生为本的课堂,让学生获取实践经验,为学生与社会、生活之间构筑起桥梁,培养学生合作与交流的意识与能力。

3)有助于培养学生社会适应能力

在体育与健康课程中增加综合性实践活动内容,在帮助学生形成良好道德品质和促进学生适应社会等方面具有重要意义。许多学生在体育课堂上出现"三无状态",即无运动技能、无健身意识、无运动习惯。例如:在体育课堂中注重培养学生的规则意识,不迟到、不早退、听从教师安排、合理运用各项运动规则等,培养学生团队意识和集体主义精神,增强社会道德。另外,在体育课堂中多安排"竞争性"和"对抗性"的教学比赛,帮助学生培养竞争意识,树立良好的个性心理品质。此外,还可以多安排传统体育项目,如八段锦、太极、少年拳等。教师可以将学生的民族自豪感与爱国主义情感有效联结。学生在参与体育活动的过程中会遇到各种各样的困难,如运动损伤、技能动作难度大、运动强度高、场地器材设施差等。体育课堂像是整个社会的"缩影"。在综合性实践活动中,体育教师正确引导,帮助学生解决遇到的各种困难。在此过程中,学生会潜移默化地培养个性、意志、品质,增加社会责任感、社交能力与适应能力,逐步具备现代人所需的社会品质。

总之,体育"综合实践活动"是 21 世纪初深化素质教育改革,推进学生全面发展的重要举措。"综合实践活动"作为一门国家规定的课程,是各分科课程联结的桥梁,旨在促进学生核心素养的提升和全面发展,从而提高学生综合运用知识解决问题及进行创造性活动的能力,注重了学生直接经验和间接经验的获得,为当今的体育与健康课程跨学科主题教学提供了经验借鉴。

3.3 第三阶段：体育与健康课程跨学科主题教学（2022 年至今）

《新课标》中首次提出了体育与健康跨学科主题式学习。跨学科主题式教学并不是与其他学科进行果盘式拼凑与接穗式嫁接,而是在综合性实践活动的基础上与其他学科产生知识点的交集,在"跨"与"教"之间建起桥梁,通过融入其他学科中的知识,解决体育与健康课程中一些"难疑杂症",更好地完善与创新自身学科发展,达到育人和育体的有效联结。《新课标》中明确提出每学期拿出不少于 10% 的课时进行跨学科主题教学活动,注重通过主题式、项目式、任务式的方式呈现。主题式教学,是指在单个或系列主题下,学生通过操作、探究、交流等具体活动,进行知识的学习或应用。项目式教学以问题为驱动,学生在真实、多样、具有一定挑战性的情境中,综合应用多学科知识,使用适当的策略、方法解决情境中的问题。通常而言,项目式教学是主题式教学的延伸,主题式教学则以项目教学的方式呈现,两者相辅相成。"任务群"是《新课标》下的一种教育理念,它将学习内容划分为若干相互联系、层层递进的学习任务,要求学生在完成这些任务的过程中掌握相关知识和技能,提升自身能力素质。体育与健康课程跨学科主题式教学的实施需要通过任务群的方式,将主题性活动拆分为若干个核心任务,从而促进主题性问题的解决。需要强调的是,体育与健康课程跨学科主题式教学打破了学科界限,弥补了分科教学的不足,有利于提高学生学习的量与效益,解决了早期分科教学中存在的各科知识零散化等问题，但是传统分科教学仍然是基础。如何有效地进行跨学科主题式教学，以下程序可以作为参考：

1）体育课程跨学科主题式教学主题的确定

课程的主题像黑夜中的一盏"明灯"，为主题式教学的实施保驾护航。在体育与健康课程跨学科教学主题的选择上应遵循适应性、个性差异性、系统性、实践性原则，既要体现其他学科的知识体系，又要反映出体育与健康课程运动能力、健康行为、体育品德的核心素养；同时，针对各个水平段学生的身体结构与心理状态，满足学生的体育需求。譬如：在小学中各种形式跑、跳跃的教学内容上，以移动性技能为主题设计教学时要熟悉体育教材，明确与其他学科教材的区别以及本次课的教学理念、教学目标、教学过程、教学方法与手段、教学环境等。教学中，可以设置"文明司机"案例进行跨学科主题学习。拓展驾驶汽车的教学情境，将耐久跑与遵守交通规则、文明驾驶、安全急救等知识整合起来，从而构建体育与交通、医疗等学科知识的联系。采用启发式教学，引导学生之间互相沟通交流，探究问题，共同解决问题，从而完成课程单元的学习。

2）体育课程跨学科主题式教学问题的提出

课程的问题像一把"抓手"，是体育与健康课程跨学科主题式教学的重要关照点。在体育与健康课程中，以问题解决为导向，化解学生在实践过程中遇到突发难题时独立解决问题的能力。以"荒野求生"为例，可以在小学生跑、跳的教学中，设计以下问题：在户外探险过程中遇到障碍物时，该如何运用学过的运动技术去摆脱障碍物的阻挡？抑或在长时间运动消耗后，体力不支、饥饿时，该如何判定哪些植物无毒，可以食用充饥？户外徒步探险时，遇到迷路、方位迷失，缺失地图、指南针时，该如何利用附近的植被去辨识方向？在体育与健康课程中问题的提出，需要遵循学生的身心发展特点，体现跨学科教学的有趣性、真实性、考验性，满足各水平段学生的认知，调动学生参与课程的积极性。

3）体育课程跨学科主题式教学目标的制定

课程的目标像一支"靶心"，为体育与健康课程跨学科主题式教学精确定位。体育与健康课程跨学科主题式教学目标的制定，以体育与健康课程中的核心素养三个维度为出发点，从运动能力、健康行为、体育品德等三个维度进行创新。"以荒野求生"跨学科主题式教学为例：运动能力目标设定主要围绕学生掌握跑、跳、钻等多种移动性运动技能，在运动过程中帮助学生发展力量、速度、灵敏、协调等素质；健康行为目标设定重在帮助学生在荒野迷失方向的条件下，根据附近植被来判断方向；体育品德目标设定重在培养在跑、跳等运动过程中，遇到突发危险和困难时能够临危不乱，冷静思考的心理素质。

4）体育课程跨学科主题式教学方式的选择

课程的方式像一把"钥匙"，是体育与健康课程跨学科主题式教学研究和解决问题的关键。首先，将核心素养的学习融入现实生活中的真实情境里，通过知识迁移的方式引导学生按从生活到问题再到实践的顺序出发，培养发现问题、提出问题、解决问题的能力，撬动核心素养的发展。按照学生的认知和运动能力水平，构建教学情境。譬如：生活情境上，播放有关荒野求生的纪录片，激发学生对野外荒野求生的兴趣，提出"荒野求生"主题。问题情境上，提出运用哪些运动技术可以帮助学生在野外遇到障碍时完成脱离？哪些安全的植物可以在紧急情况下充饥？野外受伤如何进行紧急包扎，展开自我急救？实践情境上，可以设计一些跑跳的练习，如后踢腿、高抬腿、半蹲跳、单脚跳等，从而发展学生的移动性运动技能。同时，观察向阳与背阳的植物来辨别南北方向，观看科学小视频学习辨别自然界中有毒与无毒植物。

5）体育课程跨学科主题式教学评价的构建

课程的评价像一把"直尺"，检验体育与健康课程的实施结果，评价针对体育与健康课程核心素养和其他学科知识体系产生良性互动。由于跨学科主题教学涉及多种学科，因此亟须构建系统化、条理化的评价体系，如评价主体的多元性、评价方式的多样性、评价内容的丰富性。教师能根据学生在课堂中的实际状态，进行及时的、具体的、有针对性的评价。

综上所述，体育与健康课程跨学科主题式教学具有较长的历史追溯，目前已经进入了一个新发展阶段，成为学校教育的主流任务。跨学科主题式教学在促进知识整合、联系生活、发展个性、培养思维等方面都有不错的成效，历经早期体育"综合性学习"萌发、体育"综合实践活动"课程、体育课程跨学科主题式教学等三种发展形态。从融合程度而言：早期体育"综合性学习"萌发、体育"综合实践活动"课程更多指向内容跨度，强调学生学习知识的迁移；体育课程跨学科主题式教学则更加注重学科间知识的有效联结，强调学习内容的结构化融合。无论是早期的体育"综合性学习"萌发,还是后期提出的体育"综合实践活动"课程以及"体育课程跨学科主题式教学",均折射出体育与其他"四育"从并举到融合的发展进程。

4 体育与健康课程跨学科主题教学现实考察

4.1 现状调查

4.1.1 教师对跨学科主题教学的认知

体育教师对于跨学科主题教学的认知程度决定了其是否会在课堂实践中运用跨学科教学形式,同时也清晰地反映出教师对于体育跨学科主题教学理念及教学形式的理解程度,教师对跨学科主题教学的不同认知程度也能体现其自身专业素养。因此,了解体育教师对于跨学科主题教学的认知是本次调查的基础。

1)教师对跨学科主题教学的认识

教师对跨学科主题教学的认识包括跨学科教学的概念、理念内涵、结构、价值等。体育教师对跨学科教学的认识直接影响教学主题和教学目标的设定、跨学科知识点的整合以及学生核心素养的培养,由此需要加强体育教师对跨学科主题教学的认识。教师对跨学科主题教学的认识调查见表 4-1。

表 4-1 教师对跨学科主题教学的认识

题目	选项	人数	比例/%
您了解跨学科主题教学的理念内涵吗?	非常了解	9	9.47
	比较了解	48	50.53
	不了解	33	34.74
	不确定	5	5.26

(续表)

题目	选项	人数	比例/%
您认为体育跨学科主题教学的具体内容是什么？	以体育学科为主,结合其他学科辅助教学	76	80.00
	以全部学科为主,所涉及学科共同教学	9	9.47
	以其他学科为主,结合体育学科辅助教学	2	2.11
	不确定	8	8.42
您认为体育跨学科主题教学课程内容涉及哪些学科？	语文	62	65.26
	数学	86	90.53
	英语	47	49.47
	物理	65	68.42
	化学	33	34.74
	生物	84	88.42
	政治	22	23.16
	地理	20	21.05
	历史	37	38.95

由表4-1可知,关于"您了解跨学科主题教学的理念内涵吗？"这一问题,9.47%的体育教师表示非常了解,50.53%的体育教师比较了解,34.74%的体育教师表示不了解其理念内涵,还有5.26%的体育教师无法确定其理念内涵。根据表中数据可知,大部分的体育教师对于跨学科主题教学的内涵都有所了解但理解不够精确和深入,还有一小部分体育教师甚至完全不了解跨学科主题教学的理念内涵。关于"您认为体育跨学科主题教学的具体内容是什么？"这一问题,80%的体育教师认为体育跨学科主题教学是指以体育学科为主,结合其他学科辅助教学;9.47%的体育教师认为是以全部学科为主,所涉及学科共同教学;2.11%的体育教师认为应以其他学科为主,结合体育学科辅助教学;还有8.42%的教师并不确定其所指内容。调查数据表明,绝大多数体育教师对于体育跨学科主题教学的定位非常清晰,只有少部分教师定位不清晰或有偏差。关于"您认为体育跨学科主题教学课程内容涉及哪些学科？"这一问题,65.26%的教师选择了语文学科,90.53%的

教师选择了数学学科,49.47%的教师选择了英语学科,68.42%的教师选择了物理学科,34.74%的教师选择了化学学科,88.42%的教师选择了生物学科,23.16%的教师选择了政治学科,21.05%的教师选择了地理学科,还有38.95%的教师选择了历史学科。从调查数据可以得出,在大多数体育教师观念中,语文、数学、物理、生物这几门学科与体育学科的联系比英语、化学、政治、地理、历史这些学科更加密切。

为深入了解体育教师对跨学科主题教学的认识情况,针对"您认为跨学科主题教学的含义是什么?"这一问题进行访谈,访谈内容与调查情况基本一致,主要内容如下:

教师1:运用两种及两种以上学科进行的教学是跨学科主题教学。

教师2:跨学科主题教学是指在体育课堂中针对某个体育问题,运用其他学科的知识去思考、解决体育问题。或教师运用其他学科的知识去解决体育教学中的问题,从而提升体育课堂效果。

教师3:综合运用多个学科进行体育教学即为跨学科主题教学。

教师4:跨学科主题教学又称交叉学科教学,要将多个学科的知识与体育学科相结合进行教学。

教师5:我认为跨学科主题教学是指在体育教学中融入相关学科知识。例如,在测量体育场地时需要运用数学学科的相关知识。在学习中国传统体育项目时,需要运用历史学科的相关知识。在讲解具体动作细节时,需要用到生物学科的相关知识。在设计体育课堂游戏时,需要用到语文学科的相关知识。

2) 教师对跨学科主题教学的态度

教师对跨学科主题教学的态度直接影响体育课堂中跨学科主题教学的实施效果以及教师在教学过程中的实践方式,因此调查教师对跨学科主题教学的态度十分重要。教师对跨学科主题教学的态度调查见表4-2。

表4-2 教师对跨学科主题教学的态度

题目	选项	人数	比例/%
您认为有必要在体育教学中实施跨学科主题教学吗?	非常有必要	56	58.95
	比较有必要	35	36.84
	可有可无	3	3.16
	没有必要	1	1.05

由表 4-2 可知，关于"您认为有必要在体育教学中实施跨学科主题教学吗？"这一问题，56 名体育教师认为在体育教学中实施跨学科主题教学非常有必要，占总人数的 58.95%；35 名体育教师认为比较有必要，占 36.84%；有 3 名体育教师认为可有可无，还有 1 名体育教师认为没有必要，分别占 3.16% 和 1.05%。由此可见，大部分体育教师认为在体育教学中实施跨学科主题教学是有必要的，只有极少部分认为跨学科主题教学是不必要的。

为深入了解体育教师对跨学科主题教学的态度，针对"您认为体育教学有必要实施跨学科主题教学吗？为什么？"问题进行访谈，结果与调查数据基本一致，主要内容如下：

教师 1：我认为非常有必要，跨学科主题教学是未来发展的一个大趋势。对学生来说，单一的体育课堂或许有些枯燥，如果加入跨学科内容，能够激发学生的学习兴趣，促进教学效果的提升。

教师 2：我认为有必要在体育课中实施跨学科主题教学，跨学科主题教学涉及科目比较多，运用跨学科主题教学可以积极响应新课改对培养学生核心素养的要求，在培养学生体育核心素养的同时，提高学生其他学科核心素养。

教师 3：我认为有必要，跨学科主题教学有利于师生双方的提升与进步。对于教师来说，进行跨学科主题教学时，在教学内容和教学设计等方面要不断创新，且其他学科知识也要进行了解学习、分析归纳，保证在实际教学时其他学科融入有效且不生硬，这对于教师教学能力的提高有很大帮助。对于学生来说，在体育课堂中，运用其他学科的知识进行思考，不仅锻炼了综合思维能力、解决问题的能力，同时也丰富了知识库。

教师 4：跨学科主题教学还是有必要的，单一学科的教学可能没法培养学生的综合素质，提高其综合思维能力，多学科教学可以提升学生各个方面的能力，除了体育学科，对于其他学科的学习也很有帮助。

教师 5：我认为没必要进行跨学科主题教学。体育与健康课程本身内容较多，教师处理教材设计教学内容就要花很多时间，并且很多学校为响应国家政策积极开展课后延时体育活动，体育教师的时间就更少了，没有时间再去进行跨学科的研究和设计。另外，跨学科主题教学需要其他学科的知识做支撑，有些教师并不能充分学习理解跨学科知识内涵，实践起来反而会适得其反，影响教学进度。

4.1.2 跨学科主题教学的实施过程

跨学科主题教学的实施过程包括课前、课中以及课后。在实践中包括设定教学目标、确定教学方式、整合跨学科知识、呈现跨学科主题教学环节以及评价跨学科主题教学的实施情况。为了更好地了解体育教师跨学科主题教学的现状，必须做好对体育教师跨学科主题教学实施情况的调查，深入了解体育跨学科主题教学实施过程的具体情况。

1）跨学科主题教学主题设定情况

教学主题是教学活动的核心，提供了教学的方向与框架，是教师为达成特定教学目标，围绕其展开的一系列概念、技能、问题等的集合，跨学科主题教学的主题推动体育与各学科共同发展、共同育人。因此，展开体育跨学科主题教学需要深入探讨研究跨学科主题教学的主题。跨学科主题教学主题设定情况的调查见表 4-3。

表 4-3 跨学科主题教学主题设定情况

题目	选项	人数	比例/%
您在跨学科主题教学时是否会设置教学主题？	经常会	17	17.89
	偶尔	60	63.16
	不太会	18	18.95
您在跨学科主题教学时设定的教学主题是否合理？	合理	22	23.16
	一般	58	61.05
	不太合理	15	15.79

由表 4-3 可知，目前受限于各种因素，体育教师由于教学时间紧张、缺乏相应素材资料等问题，难以确定合理的跨学科主题教学主题。对于"您在跨学科主题教学时是否会设置教学主题？"这一问题，17 名体育教师表示自己在进行体育跨学科主题教学时会设置教学主题，占比 17.89%；有 60 名教师表示自己只有偶尔才会在跨学科主题教学时设置教学主题，占比 63.16%；还有 18 名教师表示自己不太会设置跨学科主题教学主题，占比 18.95%。对于"您在跨学科主题

教学时设定的教学主题是否合理?"这一问题,22名体育教师表示自己可以合理地设定体育跨学科主题教学主题,占比23.16%;58名教师认为自己设定体育跨学科主题教学主题能力一般,占比61.05%;还有15名教师不太能在跨学科主题教学中设置合理的教学主题,占比15.79%。由此可见,只有少数体育教师经常在体育跨学科主题教学时设定好教学主题。此外,能设定合理、学生感兴趣的跨学科主题教学主题的教师并不多。大部分体育教师在跨学科主题教学主题设定方面能力一般,主题选择突兀刻板,还有一小部分体育教师没有能力去设定一些跨学科主题教学主题。

主题是开展体育跨学科主题教学的重要支撑,合理的教学主题可以促进学生掌握体育教学中的重难点。体育跨学科主题教学主题的确定不仅要根据学生的实际情况,也要以体育与健康课程标准为出发点,系统分析体育新课标与其他学科的关联性,寻找各学科间的契合点,为跨学科主题的确定提供决策依据。跨学科主题教学主题设定依据的调查见表4-4。

表4-4 跨学科主题教学主题设定依据

题目	选项	人数	比例/%
您在设定跨学科主题教学主题时的依据有哪些?	学生兴趣与需要	77	81.05
	学生的实际水平	65	68.42
	体育与健康课程标准	90	94.74
	其他学科课程标准	34	35.79
	学科核心素养	29	30.53
	体育相关热点	37	38.95
	学科间关联性	46	48.42

由表4-4可知:有77名体育教师会根据学生的兴趣与需要设定教学主题,占比81.05%;有65名体育教师会根据学生的实际水平来设定教学主题,占比68.42%;有90名体育教师会根据体育与健康课程标准设定跨学科主题教学主题,占比94.74%;有34名体育教师会根据其他学科课程标准设置跨学科主题教学主题,占比35.79%;以学科核心素养为依据设置跨学科主题教学主题的教师有29名,占比30.53%;以体育相关热点来设置跨学科主题教学主题的教师

有37名,占比38.95%;根据体育与各学科间关联性来设定主题的体育教师有46名,占比48.42%。由此可见,大部分体育教师在设定跨学科主题教学主题时主要是以学生兴趣与需要、学生的实际水平以及体育与健康课程标准为主,对于其他学科课程标准、学科核心素养、学科间关联性以及体育相关热点的参考较少。

为深入了解跨学科主题教学主题设定情况,针对"您在跨学科主题教学时是否会设置教学主题?主题是否合理?您在设定主题时有什么依据?"进行访谈,访谈结果与调查数据基本一致,具体内容如下:

教师1:我会设定教学主题,教学主题对于跨学科主题教学实施非常重要。我的主题设定一般都比较合理,设定主题的时候一般都会考虑到学生的兴趣以及需求,也会翻翻其他学科的教材,比如物理教材里讲到"力"的章节中的相关知识就可以设定成一个体育跨学科主题教学主题。

教师2:我偶尔设定跨学科主题教学主题,不过感觉我的主题有点生硬,好像学生不是太喜欢。一般就参考一下相关教学案例的主题,按照我自己的想法进行一些改动。

教师3:我会设定,设定的主题相对来说还是挺合理的。现在要在体育课上培养学生综合素质,好的教学主题肯定是必不可少的。确定主题的时候我觉得教材是最重要的东西,教材编写都是以课标为依据的,所以研究清楚体育教材和其他教材的关系对我确定好教学主题有很大作用。

教师4:我不经常设定主题,水平一般,我的主题和一些在跨学科主题教学方面优秀的教师比还是差很多的。不过我设定主题的时候还是会进行综合考虑的,比如学生的兴趣、水平怎么样,对这个主题的接受能力怎么样,还有其他学科和体育学科的关联性强不强,不能生拉硬凑。

教师5:我基本不会设置,我的主题设定水平不太行。让我设定体育学科的教学主题我还是没问题的,但是我其他学科的知识储备几乎没有,教材也没看过,无法摸透体育与其他学科的关联。

2)跨学科主题教学目标设定情况

教学目标设定对于确保教学活动能够有效进行起着重要作用,同时也是检验跨学科教学效果的重要依据。因此,制定适宜的跨学科主题教学目标是关键,倘若目标过低,则无法激发学生的兴趣,学生课堂参与度降低,教学效果差。倘若目标过高,超出学生能力水平,学生同样无法参与到体育课堂中,其学习积极性也会大幅降低。跨学科主题教学目标设定情况的调查见表4-5。

表4-5 跨学科主题教学目标设定情况

题目	选项	人数	比例/%
您在跨学科主题教学时是否会设置教学目标?	一直会	12	12.63
	经常会	40	42.11
	偶尔会	38	40.00
	不会	5	5.26
您设定的跨学科主题教学目标是否符合学生的学习水平?	非常符合	21	22.11
	比较符合	50	52.63
	不确定	20	21.05
	不太符合	4	4.21

由表4-5可知,42.11%的教师在进行跨学科主题教学时经常会设定教学目标,40%的教师偶尔设定教学目标,12.63%的体育教师一直会设定好教学目标,还有5.26%的教师从不会设定教学目标。此外,22.11%的体育教师设定的跨学科主题教学目标非常符合学生的学习水平,52.63%的体育教师设定的教学目标比较符合学生的学习水平,有21.05%的体育教师不太确定是否符合,还有4.21%的教师认为设定的目标不太符合学生的学习水平。以此可见,有一半以上的体育教师在跨学科主题教学时设定的跨学科主题教学目标较为符合学生水平,但有一些教师考虑得并不深入全面。还有一小部分教师不能把握好设定的教学目标和学生水平之间的关系。

跨学科主题教学目标的设定必须紧紧围绕学生的核心素养的形成,即提炼体育学科核心素养(运动能力、健康行为、体育品德),同时联结其他相关学科核心素养。跨学科教学的目标是将不同学科的知识和技能合理有效地整合在一起,形成一个科学的、有可操作性的目标体系。跨学科主题教学目标具体内容的调查见表4-6。

表 4-6 跨学科主题教学目标具体内容

题目	选项	人数	比例/%
您设定的跨学科主题教学目标包含哪些内容？	加强学生运动能力	85	89.47
	培养学生健康行为	72	75.79
	培育学生体育品德	62	65.26
	提升学生综合思维能力	27	28.42
	提高学生其他学科素养	32	33.68

由表4-6可知：85名体育教师设定的跨学科主题教学目标包含加强学生运动能力，占比89.47%；72名体育教师设定的教学目标包含培养学生健康行为，占比75.79%；把体育品德的培育放在跨学科主题教学目标中的体育教师有62人，占比65.26%；把提升学生综合思维能力、提高学生其他学科素养作为跨学科主题教学目标的体育教师分别有27名和32名，占比分别是28.42%和33.68%。由此可见，在体育教师设定的体育跨学科主题教学目标中，大部分教学目标都包含加强运动能力、培养健康行为以及培育体育品德，在教学目标中包含综合思维能力提升及其他学科素养提高的不到一半。

为深入了解跨学科主题教学目标设定情况，针对"您是否会设置跨学科主题教学目标？您设置的跨学科主题教学目标是否符合学生水平？"这些问题进行访谈，结果与调查数据基本一致，主要内容如下：

教师1：我会设置跨学科主题教学目标，且我的目标都会充分考虑到学生的学习水平。促进学生核心素养的形成是体育跨学科主题教学的重要任务，作为教师需要具备设定适宜教学目标的能力。

教师2：我偶尔设置跨学科主题教学目标，目标还是比较符合学生学习水平的。不管是平常的体育课还是跨学科主题教学课堂，我们都帮助学生学习知识、提升能力。在目标设定时我也会参考核心素养相关内容。

教师3：我偶尔会设置跨学科主题教学目标，但我自身还没有适应素养导向的教学，而且学校也没对设置跨学科主题教学目标进行规定，后期还需要不断学习进步。

教师4：会设置。教学目标可以促进教学能力提升，而且可以用来检验我的教学效果。

教师5：我没设置过体育跨学科主题教学目标，我认为体育课的主要目标是教授体育知识、技术和技能。

3）跨学科主题教学知识的整合情况

跨学科主题教学知识的整合对跨学科主题教学实施有重要意义。在跨学科主题教学前，教师不仅要搜集、了解、学习其他学科的相关知识，同时需要具备将各门学科内容合理充分整合的能力。跨学科主题教学知识整合的情况调查见表4-7。

表4-7 跨学科主题教学知识整合情况

题目	选项	人数	比例/%
您是否可以对教材中涉及的跨学科内容进行相应的整合？	可以，比较熟练	22	23.16
	一般，偶尔遇到问题	65	68.42
	不可以	8	8.42

由表4-7可知：23.16%的体育教师能够对教材中涉及的跨学科内容进行充分整合，并且熟练度非常高；68.42%的体育教师表示自己对于跨学科主题教学内容的整合能力一般，在整合过程中偶尔会遇到问题；还有8.42%的体育教师表示自己并不具备对教材中跨学科内容进行整合的能力。由此可见，虽然大部分教师能进行跨学科内容的整合，但整合水平高的体育教师并不多，还有一小部分教师由于相关素养欠缺，不具备对跨学科内容进行整合的能力。

为深入了解跨学科主题教学知识整合情况，针对"您是否可以对教材中涉及的跨学科知识进行相应的整合？"这一问题进行访谈，结果与调查数据基本一致，主要内容如下：

教师1：我在工作中可以熟练地整合教材中设计的跨学科知识，除了体育学科外，我还学习掌握了其他相关学科的基础知识，基本熟悉相关学科教材内容，所以在将不同学科整合的过程中我基本没遇到过什么问题，也能自然地把知识融入课堂中。

教师2：我整合跨学科知识的能力一般，体育学科的各种知识我了解较多，其他相关学科的知识储备就相对欠缺，所以在融合的时候经常碰到很多问题。

教师3：我的整合能力一般，对于体育以外的其他学科的了解不够多，我也没有去深入探究体育与其他学科的联系，因此在进行跨学科知识融合的时候常常会出现各种问题，融合出的内容也比较生硬。

教师4：整合水平比较一般，之前没接触过其他学科知识，更不会融合运用，只能按着模板"依葫芦画瓢"，整合出来的东西没什么创新，需要继续学习深挖，提高我的整合能力。

教师5：我知道对教材中的跨学科内容整合很重要，但我的能力还不够，没办法对跨学科的知识进行融合，对于体育学科还是其他相关学科教材关联性研究不够深入，综合运用能力也有待提高。

4）跨学科主题教学情境设定情况

跨学科主题教学是为了更好地激发学生的学习兴趣，使学生深刻认识了解跨学科主题教学内容，体会到跨学科主题教学的意义与乐趣，需要创设真实的教学情境。倘若学习情境的设定过于生硬和刻板，则难以激发学生兴趣，以致学生课堂投入度不高，教学效果锐减。设定合理的教学情境，选择合适的教学方式是实施好跨学科主题教学的关键。体育教师在真实教学情境下，才能对学生进行正确的教学和引导，帮助学生探索发现体育与其他学科的关系，锻炼思维能力。跨学科主题教学情境设定情况的调查见表4-8。

表4-8 跨学科主题教学情境设定情况

题目	选项	人数	比例/%
您在跨学科主题教学过程中是否能设置合理的教学情境？	可以，学生非常感兴趣	18	18.95
	一般，学生兴趣不高	67	70.53
	不可以，学生毫无兴趣	10	10.53

由表4-8可知：18名体育教师在跨学科主题教学中能够设置合理的教学情境，且学生非常感兴趣，占比18.95%；有67名体育教师设置合理教学情境能力一般，学生对其课堂兴趣不高，占比70.53%；还有10名体育教师表示无法在教学过程中设置合理的教学情境，占比10.53%。根据表中数据可知，大部分体育教师在教学过程中设置合理教学情境、激发学生兴趣的能力一般，还有少数教师设置的教学情境学生毫无兴趣，在跨学科主题教学过程中能合理设置教学情境，

充分激发学生课堂兴趣的体育教师只占小部分。

为了进一步了解教师跨学科主题教学情境设定情况,针对"您在跨学科主题教学过程中是否能设置合理的教学情境?"这一问题进行访谈,结果与调查数据基本一致,主要内容如下:

教师1:情境设定好坏决定了学生喜不喜欢这节课,能不能投入课程学习中。我在教学过程中的情境设定通常都比较合理,大部分学生对我的课非常感兴趣,探索求知欲也很强。

教师2:我的情境设定一般,有些部分导入比较生硬,因此想吸引更多学生投入跨学科课程中来比较困难。

教师3:我非常希望在每次跨学科主题教学中都设置合理真实的教学情境,但大部分时间我的教学情境设置都比较死板,没法充分激发学生兴趣,使学生投入课程中,我需要不断学习和提高这部分能力。

教师4:我明白情境设定在整个跨学科主题教学实施过程中很重要,可能是对于跨学科主题教学的理解学习还不够,我的教学情境设置能力还需提高。

教师5:我跨学科主题教学情境设定能力有待提高,正在加强学习部分理论知识和跨学科融合方法,争取在情境设置上有所突破。

5)跨学科主题教学评价设置情况

跨学科主题教学评价是一个综合考量教学过程和效果的环节。对跨学科主题教学进行正确的评价不仅有利于回顾整个教学过程,发现其中问题进行反思,还有利于教师更好地制定下次跨学科主题教学的内容,使下次课程的目标、情境以及内容的设置等更加合理,获得更好的效果。跨学科主题教学评价设置情况的调查见表4-9。

表4-9 跨学科主题教学评价设置情况

问题	选项	人数	比例/%
您在进行跨学科主题教学后会进行教学评价吗?	一直评价	23	24.21
	经常评价	28	29.47
	偶尔评价	38	40.00
	从不评价	6	6.32

由表 4-9 可知：23 名体育教师在进行跨学科主题教学后一直会对教学进行评价，占比 24.21%；28 名体育教师经常在实施跨学科体育教学后进行评价，占比 29.47%；38 名体育教师偶尔进行教学评价，占比 40%；只有 6 名体育教师从不对跨学科主题教学进行教学评价，占比 6.32%。由此可见，有一半体育教师已经养成了在跨学科主题教学后进行评价的习惯，还有一部分体育教师会根据情况偶尔对自己的教学进行评价，少数教师从不进行教学评价。

如何进行体育跨学科评价是当下亟须探讨的重要问题。跨学科主题教学评价面临的难题是可操作性较低，评价维度上过于宽泛，评价方式难以跳出传统的思维定式，评价主体过于多样化导致流程烦琐等。如何科学制定跨学科主题教学评价的内容是目前体育教师亟须探究的重要方面。跨学科主题教学评价内容的调查见表 4-10。

表 4-10　跨学科主题教学评价内容

问题	选项	人数	比例/%
您在进行教学评价时的评价内容有哪些？	课堂中其他学科内容融入程度	49	51.58
	目标是否符合学生身心特点	43	45.26
	课堂活动是否有序	70	73.68
	教学内容合理程度	34	35.79
	其他学科知识掌握程度	22	23.16
	体育学科知识技能掌握情况	56	58.95

由表 4-10 可知，51.58% 的体育教师把课堂中其他学科的融入程度作为评价内容之一，45.26% 的体育教师将跨学科主题教学目标是否符合学生身心特点作为体育跨学科主题教学的评价内容之一，把课堂活动是否有序作为教学评价内容的体育教师有 73.68%，将教学内容合理程度作为跨学科主题教学评价内容的体育教师有 35.79%，还有将其他学科知识掌握程度以及体育学科知识技能掌握情况作为跨学科主题教学评价的教师，分别占 23.16% 和 58.95%。由此可见，大部分体育教师会把体育学科知识技能掌握情况、课堂活动是否有序、课堂中其他学科内容融入程度以及跨学科主题教学目标是否符合学生身心特点作为跨学科主题教学评价的内容，以教学内容合理程度以及其他学科知识掌握情况作为评价内容的教师较少。

为了进一步了解体育跨学科评价设置情况，针对"您是否会进行教学评价？

一般从哪些方面进行评价?"进行访谈,得出结果与表中调查数据基本一致,主要内容如下:

教师1:我一直会进行教学评价,这已经是我养成的一个习惯了。一般,我会从学生上课积极主动性、学生课上综合思维能力的运用情况、是否符合学生需求、是否实现教学目标、其他学科知识是否合理融入等方面进行评价。

教师2:在跨学科主题教学完成后,大部分情况下我都会进行教学评价,主要是从学生和教师两个方面进行评价。只有正确评价才能找出课堂中的问题,也能帮助我进行教学反思,调整教学内容。

教师3:由于教学任务比较重,工作压力通常也很大,学校没有需要进行教学评价的明文规定,所以大部分时间我都不进行评价。一般只有应付检查才会进行教学评价,评价内容也比较简单,主要是从教学效果等方面来评价。

教师4:由于教学评价比较烦琐,可操作性较低,我偶尔才会进行评价。评价的内容基本围绕着学生对于体育知识技能的掌握情况以及课堂积极性还有教学目标的实现情况。

教师5:我很少进行教学评价,我工作比较繁忙,除上课外还有很多其他琐碎的事,每次都进行评价需要很多时间,所以我只在空闲时进行评价。

4.1.3　教师实施跨学科主题教学的反思

行成于思,反思性教学更能促进教师跨学科主题教学专业水平的提高以及教学能力的提升。教师进行经常性的教学反思有利于深入理解跨学科主题教学的本质以及学生的实际需求,从而不断调整教学实施方案,提升跨学科主题教学的实施效果,因此有必要充分了解体育教师对于跨学科主题教学的反思情况。跨学科主题教学反思情况的调查见表4-11。

表4-11　跨学科主题教学反思情况

问题	选项	人数	比例/%
您在跨学科主题教学后会进行教学反思吗?	一直进行	20	21.05
	经常进行	38	40.00
	偶尔进行	33	34.74
	从不进行	4	4.21

由表 4-11 可知：一直会在跨学科主题教学后进行教学反思的有 20 人，占比为 21.05%；在跨学科主题教学后经常进行教学反思的有 38 人，占比为 40%；有 33 名教师会偶尔在跨学科主题教学后进行反思，占比为 34.74%；4 名教师从不在跨学科主题教学后进行反思，占比为 4.21%。

为进一步了解教师实施跨学科主题教学后的反思情况，针对"您在跨学科主题教学后会进行教学反思吗？"这一问题进行访谈，结果与调查情况基本一致，其主要内容如下：

教师 1：我经常会进行反思。课堂时间有限，我在上课过程中必须把握好课堂的容量，如果跨学科的内容设置过多，在课堂中占用时间过长，就会把本次课堂的主线冲淡。通过每一次反思，我会在下次课程当中更准确地把握好课堂容量。

教师 2：我认为在进行跨学科主题教学后非常有必要进行教学反思，我们在进行跨学科主题教学中很容易偏离原来设定的教学主题。在课后进行教学反思有利于帮助教师思考是否完成了此次课程的教学目标、教学效果是否好等问题，也有利于教师改进之后的跨学科主题教学。

教师 3：教学反思很有必要，跨学科主题教学是一种教学手段，其应用风险还是比较大的，其他学科知识内容涉及过多或过少都会影响教学效果。因此在实施跨学科主题教学后，我们需要通过课后的教学反思来不断调整改进跨学科主题教学实施的各个部分。

教师 4：教学反思确实是跨学科主题教学的重要部分，但由于工作任务较多，压力较大，我并没有经常进行教学反思的习惯，日后需要尽快养成这个习惯。

教师 5：会反思。我们学校规定了跨学科主题教学之后要进行教学反思，通过反思回顾整个教学过程，找出亮点与缺点，正确的继续提升，错误的及时改进。

4.1.4 学生跨学科主题学习的情况

跨学科主题教学是由学生和教师共同参与的活动，两者相互关联、相辅相成。教师的教学理念和教学方式等变化会影响学生对这门课的学习效果，而学生对跨学科主题教学的认知程度、对课堂的兴趣以及投入程度也会影响教师教学内容以及方式的选择。

1）学生对体育跨学科学习的认知情况

学生在跨学科主题教学中起着至关重要的作用，他们不仅是体育跨学科学习的主体，同时也是融合跨学科知识，并通过实践活动将知识转化为自身操作能力的参与者。因此，学生对体育跨学科学习的认知如何，将影响学生后续对跨学科学习的兴趣以及学习效率。学生对体育跨学科学习的认知调查具体见表4-12。

表 4-12 学生对体育跨学科学习的认知

问题	选项	人数	比例/%
您之前了解过体育跨学科学习吗？	非常了解	23	24.21
	了解一点	45	47.37
	不太了解	27	28.42
您在之前的学习中接触过体育跨学科学习吗？	经常接触	19	20.00
	偶尔接触	60	63.16
	从未接触	16	16.84

由表4-12可知，对于"您之前了解过体育跨学科学习吗？"这一问题，24.21%的学生表示非常了解体育跨学科学习，47.37%的学生表示之前只了解一点，还有28.21%的学生表示自己不太了解体育跨学科学习是什么。此外，对于"您在之前的学习中接触过体育跨学科学习吗？"这一问题，19位学生表示经常接触，占比20%；60位学生表示在之前的学习中偶尔才会接触体育跨学科学习，占比63.16%；16位同学在之前的学习中从未接触过体育跨学科学习，占比16.84%。由此可见，大部分学生了解并接触过体育跨学科主题教学，但只有不到半数的学生非常了解其内涵并在实践中经常接触，体育跨学科学习普及范围相对较广但不够深入，还有一小部分学生并不了解其概念，也没有接触机会。

为进一步了解学生对体育跨学科学习的认识，针对"您了解体育跨学科学习吗？在日常体育与健康课程中，会涉及其他学科知识进行跨学科学习吗？"问题进行访谈，结果与调查数据基本一致，主要内容如下：

学生1：我非常了解，学校现在大力推行各个学科进行跨学科主题教学，我很感兴趣，还会自己去学习相关知识。我们体育教师常常进行体育跨学科主题教学,课堂比平常的体育课有趣了不少,我的综合思维能力得到很大提高。

学生2:我对跨学科学习很感兴趣,但不太了解。教师组织实施的体育跨学科主题教学比较少,加上平常其他学科的学习压力也比较大,想接触也没有很多机会。

学生3:了解一点。我们学校规定体育教师需要安排体育跨学科主题教学,所以学习接触机会比较多。不过我觉得体育跨学科课程也就是在正常体育课里加了点别的学科知识,对我来说没有特别大的影响。

学生4:我了解一些基本内涵,但不太深入。平常虽然会接触,但自己不太感兴趣,现在还是想把更多时间精力放在文化课学习上。

学生5:我没听说过跨学科学习,教师也没在体育课上安排过跨学科主题教学,根本没机会接触到。

2)体育课堂中融入跨学科主题教学的情况

学校开展体育跨学科主题教学,可以为学生提供更加丰富的教学体验和更多学习机会。在体育课堂中实施跨学科主题教学有利于促进学生综合素质的发展,提升教学的效果以及学生的学习兴趣,同时培养学生的创新能力以及综合思维能力,适应未来的社会需求。体育课堂中融入跨学科主题教学的情况调查见表4-13。

表4-13　体育课堂中融入跨学科主题教学的情况

问题	选项	人数	比例/%
您觉得体育学科和其他学科之间有联系吗?	很多联系	34	35.79
	有些联系	59	62.11
	完全没联系	2	2.11
教师是否在体育课中开展过跨学科主题教学?	经常开展	32	33.68
	偶尔开展	35	36.84
	从未开展	28	29.47
在体育课堂中教师是否会用其他学科知识辅助教学?	经常使用	52	54.74
	偶尔使用	37	38.95
	从未使用	6	6.32

（续表）

问题	选项	人数	比例/%
您是否会用其他学科思维解决体育课中的问题？	经常用	23	24.21
	偶尔用	58	61.05
	从未用	14	14.74
您觉得在体育课上学习的知识和技术在生活中有用吗？	有用	60	63.16
	没用	3	3.16
	不知道	32	33.68

由表 4-13 可知，对于"您觉得体育学科和其他学科之间有联系吗？"这一问题，35.79%的学生认为这两者之间存在很多联系，62.11%的学生认为体育学科和其他学科之间稍微存在一些联系，只有 2.11%的学生认为这两者之间完全没有任何联系，是毫不相关的。对于"教师是否在体育课中开展过跨学科主题教学？"这一问题，33.68%的学生表示他们在上体育课时，体育教师经常会开展跨学科主题教学，36.84%的学生表示教师偶尔才会进行跨学科主题教学，还有29.47%的学生表示在之前的体育课中教师从未开展过跨学科主题教学。对于"在体育课堂中教师是否会用其他学科知识辅助教学？"这一问题，54.74%的学生表示教师在课堂中经常使用其他学科知识来辅助体育教学，38.95%的学生表示教师在课堂中偶尔才会使用其他学科知识，还有 6.32%的学生表示在体育课堂中，教师从不使用其他学科知识来辅助教学。对于"您是否会用其他学科思维解决体育课中的问题？"这一问题，经常使用其他学科思维解决体育课中问题的学生占 24.21%，偶尔用的学生占 61.05%，另有 14.74%的学生从未用其他学科思维来解决体育课中的问题。对于"您觉得在体育课上学习的知识和技术在生活中有用吗？"这一问题，60 名学生认为体育课中学习的知识和技术在生活中有用，占比 63.16%；32 名学生不知道这些知识是否对自己的生活有用，占比 33.68%；3 名学生认为在体育课上学习的知识和技术对自己的生活无任何作用，占比 3.16%。由此可见，这些学生普遍认为体育和其他学科之间存在联系，大多数体育教师都进行过体育跨学科主题教学，运用其他学科的相关知识辅助体育教学，并推动学生运用其他学科思维解决一些体育课中的问题，把学习的知识和技术运用到实际生活中去。但体育课堂中融入跨学科主题教学的效果和频

率不尽如人意，甚至还有小部分学生从未在体育课堂中接触过其他相关学科知识。

为进一步了解体育课堂中融入跨学科主题教学的情况，围绕"学生对教师在课上融入跨学科主题教学的认识"进行访谈，得出结果与调查数据基本一致，主要访谈内容如下：

问题A：您认为体育学科和其他相关学科间有联系吗？

学生1：有很多联系，体育中的很多知识都能和数学、生物、物理等学科知识联系起来，比如在篮球课程的学习过程中融入数学中的几何知识，找到球入筐的最佳角度。

学生2：有联系，但也不是很多。在学习中还是喜欢以体育与健康课程本身为主。

问题B：您上过的体育课是否开展过跨学科体育教学？

学生3：我们体育课上经常进行体育跨学科主题教学。课程中加入跨学科知识非常有意思，能学到很多不一样的知识，锻炼了我的思考能力。

学生4：我们一学期也就一两节体育课是以跨学科的教学方式进行的，教师不怎么组织。

问题C：在体育课堂中教师会不会使用其他学科知识来辅助教学？

学生5：会使用，比如在体育课堂的体能部分老师会通过播放红色主题音乐调动我们的情绪，在体能训练过程体育教师会以长征为主题带动学生练习，教学效果比较好。

学生6：偶尔会使用。体育教师主要以体育相关的理论、技能和技术等为上课的主要内容。我也学到了一些相关知识。

问题D：您会不会使用其他学科的思维解决体育课中的问题？

学生7：虽然体育课中教师会融合其他学科内容，但我还不太能用其他学科内容来解决体育课里的问题。

学生8：虽然用其他学科的知识来解决体育课中的问题我还不太熟练，但也能运用一些比较基础的方法，比如在跑步运动过程中，可以用物理的摩擦力、阻力等相关知识来解释影响跑步速度的因素。

问题E：您觉得体育课上学习的知识与技术在生活有用吗？

学生9：我觉得体育课上学习的知识和技术对我的日常生活还是很有用的。这些知识和技术能帮助我锻炼身体、增强体质，防止在日常活动中受伤。

学生10：我不太确定是否有用，课堂上学习时感觉很有用，但目前在生活中并没有用到相关知识和技术。

3）学生对体育跨学科学习的态度

学生对体育跨学科学习的态度不仅影响个人的学习过程和学习效果，同时也对体育跨学科主题教学的推进与发展有重要作用。学校以及教师应重视学生对体育跨学科学习的态度，采取相关措施，激发学生对体育跨学科学习的兴趣与积极性，促进学生综合素养的发展。学生对体育跨学科主题教学的态度调查见表4-14。

表4-14 学生对体育跨学科主题教学的态度

问题	选项	人数	比例/%
您对体育跨学科学习感兴趣吗？	非常感兴趣	72	75.79
	一般	20	21.05
	不感兴趣	3	3.16
您希望体育课堂结合其他学科知识、思维进行教学吗？	非常希望	51	53.68
	希望	42	44.21
	不希望	2	2.11

由表4-14可知，对于"您对体育跨学科学习感兴趣吗"这一问题，75.79%的学生表示非常感兴趣，表示自己兴趣程度一般的学生有21.05%，3.16%的学生表示自己对体育跨学科学习完全不感兴趣。对于"您希望体育课堂结合其他学科知识、思维进行教学吗？"这一问题，51名学生非常希望在他们的体育课堂中教师能结合其他学科知识、思维进行教学，占比53.68%；42名学生希望体育课堂能结合其他学科知识、思维进行教学，占比44.21%；2人不希望用其他学科知识、思维进行教学，仅占比2.11%。由此可知，大多数学生对于体育跨学科学习的兴趣非常大，并且希望教师能在体育课堂中多结合其他学科的知识、思维进行教学，只有极少数的学生对于体育跨学科学习完全不感兴趣，且不希望体育课堂中教师运用其他学科知识、思维进行教学。

为深入了解学生对体育跨学科学习的态度,针对"您对于体育跨学科学习感兴趣吗?您希望教师在体育课堂结合其他学科知识、思维进行教学吗?"问题进行访谈,得出结果与调查数据基本一致,主要内容如下:

学生1:我对这个非常感兴趣。我运动能力一般,光学习体育知识和技能有时候有点枯燥,其他科目知识的加入能让课堂更有趣,我也更喜欢上体育课了。我希望教师能经常在课堂中用跨学科知识、思维来辅助体育教学。

学生2:我很感兴趣。教师在课堂中提到的跨学科内容,有一些知识都是我在其他学科的课堂上学习过的,我觉得非常神奇,竟然能这么运用。

学生3:感兴趣。我希望自己的综合思维能力能够有很好的提升,这样对我文化课的学习也很有帮助。体育跨学科学习就是很好的途径,希望教师能在课堂中多融入一些跨学科知识和思维。

学生4:还可以。之前有过体育跨学科学习,这种课堂还是非常吸引我的,我会比平常更投入一点。

学生5:我不感兴趣。我觉得体育课就是学习好体育相关的知识和技能,没必要和其他学科知识融合。我也不希望教师在课上用其他学科知识来辅助教学,我没法理解也没法掌握。

4.2 问题归纳

跨学科主题教学是《新课标》背景下的一次教育理念和课堂教学方式革新,是核心素养目标导向下课堂教学走向融知识综合与问题解决于一体的深度学习方式。实践中,体育与健康课程跨学科主题教学在主题选取、学科间知识联结、评价手段选取等方面仍存在诸多问题,呈现出了跨而不合的特征。基于现实问题的挖掘与分析有助于课程改革的深化,提高体育与健康课程跨学科主题教学的育人效益,同时为教学模式的构建提供现实遵循。

4.2.1 教学目标设计模糊

教学目标是教师开展跨学科主题教学的行动导向,跨学科主题教学过程中教学内容的确定、教学方法的选择以及教学活动如何开展都需要有明确的教学目标。教学目标的确定可以让体育教师在教学过程中有章可循,在教学后也有评价考量的依据。教学目标主要依据学科要求与课程标准、学生实际需求与水平以及教材具体内容这三方面来设定。但根据调查研究的现状我们可以发现,体育教师在设定跨学科主题教学目标时常常出现缺乏综合考量、顾此失彼的情况,导致设定的目标模糊不清,不能体现明确的教学标准。因此,教师在进行体育跨学科主题教学后无法准确判定教学效果。

跨学科主题教学目标设计模糊主要体现在以下几方面:首先,教学目标设计未能体现素养导向。《新课标》强调要培养学生的综合素养,体育跨学科主题教学是落实素养导向的重要途径,因此教学目标的设计必须围绕培养学生核心素养以及跨学科素养。但大部分体育教师在进行跨学科主题教学时仍过多关注体育知识和技能的传授,在课堂中涉及培养学生综合素养培育的部分较少,导致体育跨学科的目标设计和单一学科的目标设计并无两样,体育跨学科主题教学的特点与独特优势无法体现。其次,跨学科主题教学目标设计模糊笼统。大部分教师设计的跨学科主题教学目标通常比较模糊和笼统,他们机械地去套用新课标中对核心素养的要求,没有与具体的体育教学内容以及跨学科主题教学内容相结合。教师对于体育跨学科主题教学目标有待深入理解,目标设定没有将跨学科学习内容与核心素养的培养结合起来,在实际教学中往往会出现抓不住课堂教学重点、偏离教学方向、知识点浮于表面等问题。在课堂中,学生看似一直在参与活动,但在体育跨学科主题教学实施后教师无法对他们实际获取的知识、增长的能力、提高的素养等进行具体评判,教学效果必然无法保障。

4.2.2 教学主题选取不清晰

"主题"是指将分散在不同学科或不同领域中的具有共同属性、相互关联的学习内容进行整合,形成的一个新的学习问题。好的教学主题是学科间知识相互联结的纽带,就像一座坚固的桥梁,可以将体育与健康课程知识、技能、方法与其他课程结合起来,帮助学生实现核心素养的培养目标。调研发现,体育与健康课程跨学科主题选取存在以下问题:

1) 教学主题缺乏

部分体育课堂未围绕某一主题开展教学活动,更缺乏生活中现实问题的解决,而是生硬地将音乐、劳动等学科知识融入教学中,将体育与健康课程跨学科主题学习变成了体育学科知识拓展学习。

2) 教学主题泛化

部分教学主题脱离学生的认知范围,未考虑本校学生的实际生活。例如,《新课标》中提出的"劳动最光荣"教学案例,许多教师由于对跨学科主题学习的"宽泛"式把握,呈现出体育知识和劳动知识的"宽泛式"组合、拼盘化教学现象。以上现象,未关注到体育与其他学科知识综合运用,或者作为主干学科的体育和辅助学科缺乏有机关联,导致教学情境创设失真。

3) 教学主题偏离学科属性

立足体育学科特有的性质是开展体育与健康课程跨学科主题教学的前提,即以体育学科知识和技能为中心,主动引入其他学科知识,钩织成知识主次分明的样态。以新课标中"钢铁战士"跨学科主题学习为例来说明如何把握知识主次关系,该案例主教材为耐久跑,通过设置"长途奔袭、火速增援"场景,引导学生在耐久跑的学习中完成了解边境冲突原因、绘制边境平面图、紧急救治伤员等学习任务,尽管学生学习到了国防、历史、地理、信息技术、医疗救治等知识,但必须明确耐久跑的呼吸、节奏、动作、心肺耐力提升及方法掌握才是课堂知识网络中的重点,否则将会偏离主题。总之,体育与健康课程跨学科主题选取泛化、偏离学科属性将会导致部分课程偏离体育学科核心素养目标任务,难以解决生活中的真实问题。

4.2.3 学科间知识联结不足

体育与健康课程跨学科主题教学不是简单的"1+1",其重难点之一是建立多学科知识的联结点,并对学科内容进行整合形成结构化的教学内容。传统的分科教学强调依据知识内在性质和逻辑结构来组织课程内容,注重科学概念、基本事实、基本原理,优点是学科体系和知识体系的系统性和逻辑性强,缺点是各学科知识联结不足,未发挥体育学科综合育人效益。实践教学中过分注重学科内在的知识逻辑,将会导致"工具"(学科)与"目的"(儿童)错置,进而造成儿童与学科、直接经验与间接经验、知识与应用疏离。体育与健康课程跨学科主题教学通过知识建构打破了学科教学的知识壁垒,注重了"完整的知识""结构化教学内容"呈现。那么,实施体育与健康课程的跨学科主题学习活动,梳理好体育概念与德育、智育、美育以及劳动教育、国防教育核心概念之间的关系，形成学科间知识的统整和建构是前提。调研发现，部分体育与健康课程跨学科主题教学课堂尚未形成体育与其他各育知识的有效关联，存在学科间知识拼盘化、学习浅表化等问题，学科间知识貌合神离现象凸出。部分课堂跨学科主题教学活动中简单地穿插美育、德育等知识，或者未围绕某一主题进行学科间知识的联结，以上教学方式未在教学场景中建立体育与其他学科知识的联结，缺乏体育学科知识的主动建构，反映在教学活动中则是学科间知识的联结不足。

4.2.4 教学评价方式简单

科学的教学评价是反映教学目标达成度的重要标尺，是衡量教学效果的重要手段。关于体育与健康课程跨学科主题教学效果的评价：理论上注重多元主体评价、过程性评价和表现性评价相结合已成为学界共识；实践中具体操作手段的缺乏导致大部分跨学科主题教学评价处于纸上谈兵阶段，未能体现体育与健康课程跨学科主题学习的真实场景特征。通过调查可知，在进行体育跨学科主题教学评价时，评价主体较为单一，通常只有教师会在课后针对教学内容、学生表现、实施效果等进行评价，学生自评、学生互评、家长评价以及专家评价的环节缺失，因此无法提供科学客观的反馈与建议。通过对某市公开课进行调研发现，体育与健康课程跨学科主题教学评价指标主要是"教学目标符合学生身心发展特点""跨学科主题教学内容选取合理""教学方法运用合理""课堂学练活动有序""教学流程衔接流畅"等传统宽泛性评价指标，缺乏具体的观察点，更未体现出跨学科主题教学的特点。体育与健康课程跨学科主题学习本身是一项表现性任务，包含情境、挑战、角色等要素，因而真正与跨学科主题学习相匹配的评价方式不是纸笔测试，而是表现性评价。表现性评价强调在真实或模拟情境中，运用先前所获得的知识完成某项任务或解决某个问题，以考查学生知识与技能的掌握程度。那么，体育与健康课程跨学科主题教学表现性评价工具如何研制，如何体现跨学科主题教学的科学性、操作性特征，评价指标如何选取，评价程序如何建立等问题仍有待进一步厘清。

4.2.5 跨而不和问题突出

"融合"是指不同事物或要素相互反应、渗透、融入成为一个新的"有机整体"的过程。依据体育与其他学科内容的融合程度,依次有叠加式、嵌入式、融通式三个进阶类型。叠加式是指体育与其他学科内容简单叠加在一起,教学内容通常具有拼盘化、组合式的特征。例如,日常体育教学中穿插加入劳动教育、美育学习,带领学生进行场地整理、卫生打扫等实践,未注重体育知识和其他学科间知识的联系,这是体育与劳动教育的叠加而不是融合。叠加式教学类似于学科间知识的"水果拼盘",学科间知识整合程度较低。嵌入式是指体育与其他学科内容的部分联结。例如,教师在教授运动技能过程中运用运动解剖学、运动生物力学等知识,帮助学生明晰运动技能背后的原理,了解运动技能的形成机制。嵌入式教学体现了体育学科的主导性,整合程度比叠加式要高,达到了体育与其他各育知识的部分联结,但不是以主题活动的方式呈现。融通式是指体育与其他各育知识深层次、全方位的融合。体育与健康课程跨学科主题教学以主题、项目、任务等活动方式呈现,在实践活动中达到了体育与其他各育知识的有效融通。叠加式和嵌入式教学体现了跨学科主题教学的元素,一定程度上促进了体现了体育和其他学科知识的联结,但缺乏学科间知识的深层次融合,呈现"跨而不合"的特征。融通式跨学科主题教学通常围绕某一主题进行实践性活动,学科间知识融合程度较高,达到了教学任务之间的有效联结,也是体育与健康课程跨学科主题教学模式构建的主旨所在。

4.3 成因分析

4.3.1 理念认知模糊

"五育"融合视域下体育与健康课程跨学科主题教学需要秉持"理念先行、行动为基"的原则,在跨学科主题教学实践中教师对于体育与其他各学科之间的融合存在诸多认识误区:

1) 概念认识模糊

体育跨学科主题教学的过程并不是体育与其他各学科知识的简单叠加或同步发展,而是体育与其他各学科知识、思维相互融合、相互渗透,进而成为一个有机整体的过程。现阶段,体育教师对于跨学科主题教学和体育跨学科主题教学缺乏深度的认识与了解,只看到体育与其他学科间知识点的联系,却没有看到体育与各科学之间思维方法上的联系,以及联系基础上的整合。部分教师对于体育与其他学科跨学科主题教学的认识存在片面化现象,误将体育与其他学科的融合认为是在体育课堂上讲授其他学科的知识,因此难以发挥体育跨学科主题教学应有的效应。

2) 育人知识观模糊

跨学科主题教学育人的知识观要求改变传统的分科主义思想,追求整合性、灵活性和创造性知识的有机整合。受早期分科教学思维以及应试教育的影响,部分教师尚不清楚体育与其他各学科融合的重要性,实践中体育与其他各学科融合的路径和方法不明,难以形成体育与其他各学科之间的知识连接和价值整合,对体育与其他学科融合的理解停留于国家政策、新闻稿、典型案例中,常态化教学实践活动欠缺。

3) 育人价值观模糊

教育不是空中楼阁,应该帮助学生能真正地生存于社会。学生无法依靠简单的学科知识在复杂的现实世界中闯关,要切实解决现实中的问题只能靠学生去综合多学科多领域的知识,形成综合思维能力,这是单一学科教学难以替代的。然而,现实中很多教师仍受应试教育思想影响,坚持"唯知识论",未能认识到教育的发展需要培养学生的综合素质,及跨学科主题教学对促进学生全面发展、培养学生综合素质有重要作用。另外,部分教师受传统"分科教学"理论的影响,习惯于仅深耕自己学科的相关内容,对其他学科缺乏了解,也不愿主动了解学习,因此在进行跨学科主题教学的过程中便会出现碎片化、形式化、随意化等多种问题,以至影响最终的教学效果。

理念是行动的先导,一定的发展实践都是由一定的发展理念引领的。体育教师不仅是多学科知识的传授者,更是学生全面发展的引领者,因此体育教师的跨学科执教理念对其自身发展而言至关重要。体育教师对跨学科主题教学持有何种态度,一定程度上能反映其跨学科执教理念。基于上述,可将体育教师跨学科执教理念分为积极乐观、徘徊不定、消极疑惑、全盘否定等四种类型,见表4-15。具体而言,"积极乐观"反映了体育教师对于跨学科主题学习活动持有乐观的态度,他们坚信跨学科主题学习活动能够提高学生的综合能力,推动核心素养的落地。"徘徊不定"和"消极疑惑"更多地体现出体育教师对跨学科主题学习活动的设计思路较为模糊。"全盘否定"代表的是传统教学观念的体育教师,他们对一些新鲜的事物缺乏认知,其教学理念相对滞后。根据问卷调查结果,体育教师对跨学科主题学习活动持"全盘否定"态度的较少,但有相当多的教师持"徘徊不定"和"消极疑惑"的态度。体育教师感到疑惑与畏惧会使体育跨学科主题学习活动的实施成为空中楼阁,因此,体育教师要积极拥有跨学科执教理念,敢于接受一些新鲜事物,提高自身的跨学科执教能力。

表 4-15 教师对跨学科主题教学的态度类型及行为特征

理念类型	描述特征
"积极乐观"型	对体育跨学科主题学习活动持乐观的态度,积极响应,认为跨学科主题教学非常有意义
"徘徊不定"型	对体育跨学科主题教学活动持不反对的态度,但也不积极响应
"消极疑惑"型	对跨学科主题教学不知如何实施,持消极态度,不追求个人的专业发展
"全盘否定"型	受传统观念和惯性思维等因素的影响,反对跨学科主题教学

4.3.2 机制尚未健全

任何事物的良性发展通常都需要具备良性的运行机制。"机制"是指一个工作系统的组织或部分之间相互作用的过程和方式,通常包括组成要素、运作流程和功能目标等内容。要做到深入落实好体育跨学科主题教学,纯粹依靠体育教师的理念认知提高、知识学习、教育热情等是不够的,还需要学校做好整体统筹规划,提供物质及制度上的支持,从机制层面把握好体育跨学科主题教学的实施。学校体育跨学科主题教学的机制建立至少要关注两方面内容:

(1) 关注学校体育跨学科主题教学的系统要素,主要解决"融合什么学科"的问题

学校体育跨学科主题教学内容通常包括目标、课程、教学与评价等方面。

(2) 关注系统要素之间的相互关联及运作方式,主要解决"如何融合体育与各学科"的问题

目前,学校体育跨学科主题教学相关机制尚未建立,未能给体育跨学科主题

教学的实施提供有力保障。其一，工作系统尚未建立。体育跨学科主题教学需要相应的课程组织体系、体教研体系、体育活动竞赛体系等，但目前，学校缺乏体育跨学科主题教学的体系设计与系统规划，规划体育跨学科主题教学时，课程开发设计标准、课程理念目标等都尚未确立，导致教师教学方向不明确，难以形成系统的教学体系。此外，工作系统的缺失也会导致体育跨学科主题教学实践过于零散、随意，无法真正培养学生核心素养。其二，相关利益主体尚未形成平衡。学校体育跨学科主题教学需要学校校长、教研员、体育教师等利益主体形成合力，各个主体都须承担各自相关的主体责任。然而，在学校中由于校长、教研员、体育教师等教学主体正确实施体育跨学科主题教学的理念尚未形成，对于跨学科主题教学的概念认识不清，无法挖掘出体育学科与其他各学科之间的深入联系，且部分体育教师缺乏对其他学科知识的储备以及实施跨学科主题教学的能力，因此学校中体育跨学科主题教学的落实不到位，教学效果甚微。其三，相关制度设计虚化。近些年，国家虽然颁布了大量涉及跨学科主题教学的文件，但多为倡导性质文件，其中体育与健康课程综合实践活动、体育与健康课程跨学科主题教学地位呈现边缘化特征，体育跨学科主题教学缺乏落地实践的保障，因此跨学科主题教学相关制度设计有待进一步细化。此外，学校体育跨学科主题教学评价标准、保障机制缺失。跨学科主题教学需要新的目标评价体系以及评估机制，评价和评估机制的缺失会导致学校无法评估和反馈跨学科主题教学效果，不能及时调整和改变，同时也无法准确了解教学需求及资源的使用情况，不能合理分配教学资源。保障机制的缺失也会降低教师跨学科主题教学的积极性与创造力，从而限制体育跨学科主题教学的质量与水平的提升。

4.3.3 教师跨学科执教素养欠缺

体育教师需要具备牢固的专业思想、高尚的职业道德、高度的社会责任感、深厚的基础理论和精湛的运动技能，能够以"核心素养"为指导进行创造性的体育教育活动，其核心素养的具体体现包括设计教学内容、创造教学情境、实施具体教学等方面。跨学科执教素养最终指向体育的育人目的，教师的核心素养是最基本、最重要、不可或缺的素质和能力。目前，在《新课标》背景下，体育教师跨学科执教素养欠缺表现在以下方面：

1）体育教师跨学科执教理念不足

体育教师的跨学科主题教学理念体现了其对于体育跨学科主题教学的态度。目前，大多数体育教师对跨学科主题教学的执教理念持模糊不清、徘徊不定的态度。体育教师对跨学科主题教学理念的疑惑畏惧，会导致体育跨学科学习活动的实施难以进行，成为一纸空文。因此，体育教师必须积极增强自己的跨学科执教理念，不断创新，提高执教素养。

2）教师多学科知识储备能力不足

教师的知识储备是开展跨学科主题教学的基石。在我国，学校体育的教学以应试教育为主，最主要的任务是向学生传播文化知识，却忽略了对学生综合素质的培养及学生身心发展的需要。即使推行新课改，学生仍无法正确认识到体育课的内涵与意义以及体育锻炼对增进身体健康、增强体质的重要性，部分学生对于体育锻炼没有兴趣，甚至不愿意参与。部分原因就是当前体育教师开展跨学科主题教学的知识储备能力不足，很多体育教师只是在体育相关方面有很多储备知识，但对数学、物理等学科知识的储备少之又少，无法深入发掘体育与其他学科知识结构间的联系，对跨学科主题教学的相关概念也似懂非懂，跨专业教学时不知从何处下手，自然无法吸引学生参与课堂、投入学习。因此，教师首先应该加强其他相关专业知识的储备，树立新观念，增强课堂吸引力，从而影响学生，推动学生形成对体育的正确理解，积极投入课堂。

3）教师跨学科主题教学实施能力不足

教学实施能力是保证跨学科主题教学活动开展的基础，包括目标设定、情境设定、主题设定等等。当前，在跨学科主题教学实施过程中经常出现教学主题不明确、目标不清晰、不积极进行课后反思等问题，严重影响了跨学科主题教学的实施效果。因此，体育教师应该从实施过程的多个方面提升自己的跨学科主题教学实施能力，提高自身执教素养，激发学生对跨学科体育学习的兴趣，提高其投入度。

4.3.4 教学资源整合不足

跨学科主题教学资源主要包括体育及其他各学科的教材教案、教学视频、场地设施、教学设备等。这些教学资源是实施体育跨学科主题教学的坚实基础，教学资源的有效整合有助于打破学科间壁垒,促进体育与其他各学科的融合与交流,提高学生创新能力,推动体育跨学科主题教学的开展。当前,体育跨学科主题教学无法顺利开展并进一步深化的主要原因就在于跨学科主题教学资源的整合不足,大部分体育教师在进行教学资源整合时会遇到各种问题,进而导致教学的效果大打折扣。教学资源整合不足主要表现在三个方面:

1) 教材资料整合标准化程度不足

体育学科及其他学科的教材近年来不断丰富与发展,内容多样化程度变高,形式也在不断创新,与跨学科主题教学相关的资料种类繁多,不同学科的教案内容与格式差异较大,这给体育教师整合教学材料带来很大挑战。教学资料整合的标准化有助于进一步深化对体育与其他各学科关系的研究,也能更好地提升跨学科主题教学质量。目前,体育跨学科主题教学的各种教材资料等整合的标准化程度都有待提高,因此需要建立统一标准及分类体系,对体育及其他学科的教材资料等进行整合分类,提高资料的科学性和规范性,便于日后管理与使用。

2) 相关场地设备供给不足

教学场地及设备是开展教学活动的重要决定因素之一。体育跨学科主题教学需要在特定场地实施,例如篮球场、足球场、游泳馆等。经过各种巧妙的设计,教师可以将体育与其他学科相结合进行教学。例如,教师在游泳馆中结合物理学科阻力、浮力、重力等原理进行游泳教学。除教学场地外,教学相关设备也是教师进行体育跨学科主题教学的重要基础。例如,运用生物学知识辅助体育教学,测量运动中人体血压、心率等指标的变化需要心率检测仪和血压计等设备。但目前大部分学校为体育跨学科主题教学提供的场地及各种设备还不充分,因此教学资源无法充分整合。

3) 教师相关能力培养不足

进行跨学科资源整合需要教师具备除体育外其他学科的知识、思维以及方法,并深入挖掘出体育与其他学科的内在联系,合理设计并实施体育跨学科主题教学。目前,大部分体育教师只具有单一学科背景,不了解其他学科的知识、方法等,没有跨学科主题教学的相关理念,在面对大量跨学科主题教学资源时难以进行有效筛选与整合,教学方法也较为单一,缺乏整合与创新。

4.3.5 教学实践活动匮乏

《新课标》颁布以来,各地区开展跨学科主题教学研讨活动如火如荼,但是对跨学科主题实践的教学模式仍在不断摸索,尚未形成可推向全国的固定教学模式。跨学科主题教学在多数地区主要是教师的自主探究尝试,多呈现在公开课中,一线实践教学中开展较少。目前,体育与健康课程跨学科主题教学可供借鉴的优质案例较少,跨学科主题教学在国内发展时间较短,国外有较为成熟的跨学科教学案例可以借鉴,但因国情不同,课程标准和教学目标也不同,我国只能选择性借鉴使用。目前,我国跨学科主题教学课程主要依赖于地方学校和教师的自主开发。总而言之,《新课标》虽然明确提出了"跨学科主题学习"的要求,各学科课程标准也都设置了跨学科主题学习的课程内容或提出了相关要求。早在2014年,教育部印发的《教育部关于全面深化课程改革落实立德树人根本任务的意见》就明确提出,"开展跨学科主题教育教学活动,将相关学科的教育内容有机整合"。跨学科主题学习并非一个全新的概念,但却是新版体育与健康课程中设置的新内容。由于体育与健康课程跨学科主题学习还处在探索初期,教学经验尚不成熟,加之现有的体育教师几乎都是分学科培养出来的,这样的现状短期内也难以改变,因此在跨学科教学初期,实施难度较大,效果不佳。

5 体育与健康课程跨学科教学国际经验借鉴

5.1 国际体育跨学科教学

5.1.1 美国 SPEM 课程

21世纪初,美国青少年群体中的"文明病"比例日益增加,尤其是肥胖所引起的一系列健康问题引起了美国各界人士的重视。2003年美国健康卫生部联合教育部聘请美国马里兰大学的陈昂和恩尼斯教授开发了基于建构主义理论的身体活动干预课程——SPEM 课程。SPEM 课程是以跨学科的视角,融合了生物力学、生理学、心理学和人文社会学科等科学知识的体育教育课程。通过文献查阅与整理分析可将美国 SPEM 课程的发展历史概括为以下几个阶段:

1) 前期验证阶段

为了验证 SPEM 课程的有效性,在陈昂和恩尼斯教授的领衔下,美国众多课程专家学者、一线资深体育教师以及其他学科教师进行了联合讨论,并在正式实施课程之前,在美国城市和郊区的30所学校进行了为期5年的实地验证。各种相关数据表明,SPEM 课程的实施效果较为显著,学生在体验课程后,其期望价值、成就动机、情境兴趣、知识掌握以及体力活动水平等均高于对照班的学生。与此同时,越来越多的证据表明,SPEM 课程对于促进学生身心健康、自我管理以及人际关系等有着重要的作用。

2) 课程完善阶段

SPEM 课程涵盖了三、四、五年级,每个年级各30节课,总共90节课,在每节课的结构上都遵循 5E 教学模式（即参与、探索、解释、评价和深加工），见图 5-1。为了在课前激发学生的运动兴趣，通常都会设计一个体育小游戏，接着就是"实验"活动，其具体内容主要是一些趣味性较高的学习任务，例如"探索身体的秘密"等。此外，为了更好地了解学生的运动状况，SPEM 课程在后续还专门配备了学生工作手册，在记录每一项任务完成情况的同时，还会让学生实时记录自身的心率、体力消耗等数据和信息。

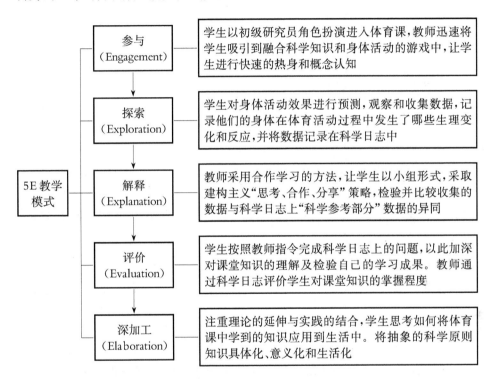

图 5-1　美国 SPEM 课程 5E 教学模式流程

3）经验传播阶段

SPEM 课程在美国 175 所小学取得了良好的教学效果，也形成了较好的口碑，其教学模式在国际上广为流传，在韩国、泰国等国家相继进行了教学实践。与此同时，中国的上海和重庆等地区也正在进行本土化教学的改造并取得了不错的教学效果。

特征是事物的基础属性，是区分不同事物的关键要素。SPEM 课程在课程理念、课程目标、教学内容、教学模式、评价标准以及课程资源等 6 个方面具备以下特征：

(1) 课程理念上注重身体活动与认知学习相融合

SPEM 课程研究团队在课程设计之初就强调在每一节课上都要将身体发展和认知学习进行整合，注重学生在身体活动过程中自主探究和发现知识的能力，其认知层次分为：描述任务、关联任务和推理任务。与此同时，SPEM 课程中的"思考、配对、分享"是教师在每一位学生完成学习任务过程中需重点关注的地方，例如在"爱心医生健康心脏"单元中，学生在教师和工作手册的指导下，通过跑步、跳绳等辅助运动，亲身体会身体生理机能的变化过程，进而构建有关心肺耐力的健康知识。实际上 SPEM 课程所强调的身体活动与认知学习相整合的理念其实就是遵循了直接经验与间接经验相结合的发展规律，而身体练习的形式能让学生对这些运动与健康知识留有更深刻的印象，从而促进认知能力的提升。

(2) 课程目标上注重理解和灵活运用

一方面，SPEM 课程特别关注学生是否真正理解了体育运动和健康知识，并以此为目标制定了 5 个具体的标准：

① 学生理解体育锻炼对身体的影响。

② 学生能合理评估自身的健康水平。

③ 学生能将体育课程中习得的知识灵活运用到其他学科。

④ 学生能够运用体育课程中的知识解决生活中的实际问题。

⑤ 学习掌握必备的运动与健康知识，为终身锻炼做好准备。

另一方面，为了保障学生能够真正地理解与运用体育运动与健康知识，SPEM 课程还规定身体活动是每节体育课必要的组成部分、课程以学生为中心、强调合作学习的重要性以及设置科学探究环节等措施。

(3) 教学内容上层次分明

SPEM 课程将教学内容分为 3 个层次：概念知识、认知发展、身体活动。根据这 3 个层次又将它细分为"爱心医生健康心脏""米老鼠的神奇力量""酷孩子体能俱乐部"等 3 个单元。其中，"爱心医生健康心脏"单元主要是向学生介绍体育锻炼对于身体各方面影响的重要性，例如在本单元中就设置了让学生懂得怎样对心血管健康进行检查和分析的任务环节。"米老鼠的神奇力量"单元主要向学生教授肌肉力量和耐力对于健康的重要性。此外，还组织学生进行了有关肌肉组织结构的相关实验,帮助学生更好地了解肌肉的生理机能以及理解运动负荷原则。"酷孩子体能俱乐部"单元主要涉及了一些关节柔韧性和营养的知识。通过参加相关的实验,学生能了解柔韧性和营养对于促进身体健康的重要性。

(4) 教学模式上逐级进阶

SPEM 课程采取了 5E 教学模式,5E 教学模式是基于建构主义教学模式构建出来的教学模式,在美国科学教育界受到广泛的关注。5E 教学模式细化为 5 个阶段,即参与、探索、解释、评价、深加工,结合上述提到的 3 个单元的教学内容,逐级进阶。与此同时,一些重要的知识和概念从三至五年级由浅至深反复被提及,这样更加有利于学生理解和掌握一些关键性体育知识,并且还能帮助学生在已有知识的基础知识之上有所创新。

(5) 教学评价上维度多元

SPEM 课程分别从学生科学日志评价、教师提问与观察、单元知识测试以及学期标准化测试 4 个方面来综合考量学生的课堂表现。

① 学生科学日志评价主要记录了学生在体育课堂中对知识与技能的掌握程度,同时对其学习情况进行客观评价。

② 教师提问与观察充分体现了教师的主导性,通过课堂随机提问来检验学生对于体育课堂中学习的知识是否达到了熟练掌握的程度。此外,教师还采取教学观察的形式来洞悉学生的各种行为表现和学习态度。

③ 单元知识测试是以 SPEM 课程的 3 大单元板块为知识母体来进行设计的测试题,通过纸质测试的形式来评价学生在不同单元板块中的表现。

④ 学期标准化测试实质上是一种总结性评价。历经一个学期的系统学习,还未曾知晓学生对 3 个单元中总体知识的掌握情况,因此,设计学期标准化测试是对学生掌握 SPEM 课程内容知识的系统检验。

(6) 课程资源开发上贴切生活

SPEM 课程注重贴切日常生活中的各种情境,其知识"来自何方"和"去向哪里"都紧紧围绕着生活中的各种场景。因此,学生在 SPEM 课程的学习过程中会发现许多生活中与身体活动相关联的情境,将直接经验与间接经验相结合,增强理论联系实际能力。

目前,围绕着 SPEM 课程开展的相关研究可归纳为 5 种,分别是 SPEM 课程对学生体育价值期望的影响研究、SPEM 课程对学生体育兴趣的影响研究、SPEM 课程对学生身体活动的影响研究、SPEM 课程对学生健康知识形成的影响研究以及 SPEM 课程对学生运动技能的影响研究等。

① SPEM 课程对学生体育价值期望的影响研究

主要是从期望信念和任务价值两个角度出发,去考量 SPEM 课程是否对学生的期望价值动机产生影响。为此,陈昂(Ang Chen)和马丁(Martin)二人从美国 150 个参与 SPEM 课程的班级共随机抽取了 30 个,15 个班级为实验班,采用 SPEM 课程的教学方式,使用 5E 教学方法,另外 15 个班级为对照组,采用传统的教学方法。最后采用期望价值量表对实验后的学生进行调查,发现采用 SPEM 课程教学方法的班级的学生的期望价值明显要高于对照组的学生。

② SPEM 课程对学生体育兴趣的影响研究

Ang Chen 等人为了验证 SPEM 课程对于小学生运动兴趣的影响,采用了 SPEM 课程中使用的小学情境兴趣量表,接着对美国 13 个市区的 30 个学校的 1 290 名小学三年级学生进行了调查和实验,其中实验组 670 名,对照组 620 名。实验结果表明,SPEM 课程教学方法对小学生学习体育课程知识产生了良好的促进作用。

③ SPEM 课程对学生身体活动的影响研究

为了验证 SPEM 课程中学生的身体活动情况,Ang Chen 等人选取了美国 30 个城市的 162 名小学生进行了调查实验,调查后发现 SPEM 课程能够显著提高学生身体活动的能量消耗平均值。

为了验证 SPEM 课程的后续效果,美国北卡罗来纳大学格林斯伯勒分校的恩尼斯教授对体育课上学生科学知识的掌握情况展开了相应验证。在前述中就已提到 SPEM 课程在正式实施的 3 年前,研究人员就采用实验组与对照组的方式对 30 所学校的 6 000 名学生进行了交替测试的测试项目,此外还对每个测试项目的难度与区分度指数进行了计算评估,这为后续的效果检验提供了有力的对照参考。恩尼斯教授和她的研究团队在美国 30 所城市小学中进行了随机对照试验(RCT),测试结果表明,15 所实验组学校的学生的健康相关知识与科学探究知识和对照组学生相比,都有着显著提升。与此同时,研究团队通过课堂观察,发现体育教师在系统地实施 SPEM 课程方面发挥着关键的作用。体育教师能够为学生提供学习与健康、科学以及体育活动相关知识的客观证据,以此来记录课程实施的实际效果。在 SPEM 课程试验取得较大的成功之后,一些类似于 SPEM 的体育课程层出不穷,例如 EB 教育课程。EB 教育课程是基于 SPEM 课程开发的,但是 EB 教育课程所针对的学段有所不同,主要面向初高中的学生群体。此外,在每一节课的时长上 EB 教育课程由 30 分钟延长至 50 分钟,学习任务这一块也被修改,使得课程兼具身体活动性和游戏性。这两个方面的改编为学生提供了学习基本 EB 概念和知识的机会,譬如在"活动混合"学习任务中要求学生选择并参与一系列不同强度的体育活动,学生要思考怎样挑选适当的食物来平衡能量消耗,在诸如此类的学习任务中将各种食物与常规体育活动联系起来,以此培养学生健康的饮食习惯和解决复杂问题的能力。恩尼斯教授认为以教授 EB 知识原理为中心的正规教育在学校中并不多见,体育课程应提供丰富的学习体验,让学生将学习内容、背景以及学生过去和现在的生活经验联系起来,体育课上的真实、积极的体验将使学生对知识的掌握更加深刻且富有意义。但是 SPEM 课程在实施过程中对体育教师的学习能力要求较高,无论是现场授课还是实验前的培训,体育教师的课程学习能力是其课程落地的关键要素。因此,SPEM 课程对于体育教师的要求较高。此外,恩尼斯和陈昂教授本人也都承认了 SPEM 课程在实施时的困难,还提出了为了解决这一问题要为体育教师量身定制培训课程。

5.1.2　体智融合课程

体智融合课程是指以体育运动为基础开发的一类多学科综合实践活动,是许多国家应对小学生身体活动不足、体质健康水平偏低、肥胖等健康风险的一种集成性运动(Movement Integration,MI)。国外的体智融合课程较为丰富,其中较为有代表性有以下 4 种:美国得克萨斯州 I-CAN 课程、美国 TAKE 10! 项目、澳大利亚 EASY Minds 项目、澳大利亚 TWM-E 项目。

1) 美国得克萨斯州 I-CAN 课程

为了更好地支持学术教学活动,得克萨斯州开发了 I-CAN(Initiatives for Children's Activity and Nutrition,儿童活动与营养倡议)课程,旨在以学校为基础,帮助小学生改善健康状况和提高学习成绩。I-CAN 课程的开发与评估历时15年之久。在体育活动(例如长跑、跳绳)加入课程计划之前,I-CAN课程需对教师进行专业培训,但是在时间规划和资源利用上出现了重大阻碍。接着I-CAN课程设计团队尝试着通过TAKE10中的主动学习干预来最大限度地减少阻碍。TAKE10所提供的一系列10分钟主动课程,主要是利用一些重复动作来教授常见的学术内容,这样的课程学习就变得过于简单且枯燥,同时也与课程目标背道而驰。因此,在第三次课程改进时,课程设计团队为了解决课程内容过于单一枯燥的问题,成立了一个由英语、体育和特殊教育专业教师组成的委员会。这些教师被要求开发一种新的主动学习干预措施,由此为学生提供相关性和整合性较高的间接经验。I-CAN课程的开发包括两种类型:一是通过体育游戏来传授知识,例如,在"Cardiovascular Relay"(心脏接力)这节课上,孩子们被分成几个接力小组。第一个孩子拿到一个蓝色的橡胶盘,代表一个未吸氧的红细胞。孩子们从"肌肉"开始,然后通过"心脏"到达"肺部"。在那里,他们通过将蓝色胶片换成红色胶片来"吸取氧气"。然后,他们通过"心脏"回到"肌肉",下一个孩子再循环往复。孩子们通过游戏中的动作了解循环系统的基本结构。实际上这是模拟了人体心血管系统的运作流程,也是一种将身体机能运作机制与文化教育相整合的教学内容。二是强调信息的传递与实践,其中一个例子叫作"拼写冻结标签"。具体而言,孩子们在一个由锥筒标出的户外区域内奔跑,被标记后,他们举起双手"冻结"在原地。另一名学生则拿着拼写单词表对"定格"的学生进行测验。如果正确,该学生就可以继续跑,并尽量避免被标记。如果错误,就会出现第二个单词。因此这一课程内容可用来复习专业知识。I-CAN课程的第四次改进侧重于移动性身体活动和趣味性游戏(例如运行接力或贴标签)教学资源的开发,而这些游戏也可用作复习课程材料的基础。例如,一组学生可以通过接力赛的方式来解决数学问题,而其他组别则进行深蹲或原地行进活动。这种课程内容安排虽然会被认为与课程目标的达成无关,但大大减轻了教师的培训负担以及课堂培训学生所需的重复次数。为了评估I-CAN课程的开展成效,巴索洛缪(John B. Bartholomew)和他的团队以三年级儿童为目标人群在8所学校中进行了相关测试,其中4所作为干预学校,另外4所作为无干预对照学校。参与测试的学生均佩戴计步器记录步数和ActiGraph GT3X十三轴加速度计记录体育活动强度。研究结果表明得克萨斯州I-CAN课程显著增加了学生的活动量,而且在不同人口统计和体重指数类别中都是一致的。接着,他又开展了有关 I-CAN 课程是否能提高学生学习成绩的对照实验。实验选取了 6 个四年级班级作为样本,教师被随机分配在 6 个班级中完成为期一周的 I-CAN 活动课程。为了评估学生的拼写能力,在周一和周五分别进行了前测和后测。研究结果表明,在实施 I-CAN 课程后,干预组的学生的学业成绩得到了明显提升。

2) 美国 TAKE 10! 项目

根据美国疾病控制和预防中心(CDC)的数据,20 世纪 70 年代初美国约有 4% 的 6~11 岁儿童肥胖,主要原因是长时间的久坐和不合理的饮食习惯。为了改善儿童的体质健康以及增加体育活动需求,国际生命科学研究所健康促进中心(ILSI CHP)开发了 TAKE 10! 项目。通过与教育和健康领域专家的合作,在 1999 年秋季推出了 TAKE 10! 第一版,以促进在小学课堂上开展 10 分钟的体育活动。TAKE 10! 旨在减少小学生在校期间的久坐行为,并增加课堂上有组织的课间活动时间,其设计的初衷旨在让学生活动起来的同时又不影响其学习,并为学生提供与数学、科学、社会学、语言艺术和品德教育核心课程相关联的体育活动,以强化儿童的认知和技能。TAKE 10! 的主要教学内容是围绕着体育活动与发展智育二者之间的互动关联来开展的,例如教师让学生通过跳绳来学习乘法口诀;通过做肌肉收缩动作来更好地理解两个单词是如何组合成一个新的单词;等等。因此,体育锻炼与发展智育活动紧密结合是 TAKE 10! 项目的显著特征。TAKE 10! 项目的第一版由彩色活动卡、工作表和贴纸组成,年级包括幼儿园至二年级和三年级至五年级。此外,这些卡片上印有以人体器官为原型的一组有趣和色彩鲜艳的卡通人物。TAKE 10! 的第二版教材以春季、冬季、秋季等季节为主题,并按语言艺术、数学、科学、社会研究和综合健康等学科内容进行划分,每套教材上包含约 35 张活动卡片,每张卡片上印有明确的体育活动和学习目标;50 张工作表用于记录和巩固活动卡上的学习目标;三张跟踪海报用于跟踪活动进程等。TAKE 10! 项目在美国各个州都产生了较好的效益。美国田纳西州 TAKE 10! 项目的开展就是一个较为典型的案例。2006 年田纳西州明文规定中小学生每周必须有 90 分钟的课外活动时间,依托 TAKE 10! 将身体活动(PA)成功地融入体育课程中。据报道,2008—2009 年超重和肥胖儿童比上一年减少了 8 000 多人。与此同时,田纳西州的儿童超重和肥胖率从 40.9%降至 39.0%。在特拉华州,当地的卫生系统部门也利用 TAKE 10! 实现了一定程度上政策与实践的转变。当地学校正打算通过 TAKE 10! 实现每周 150 分钟的结构化体育活动。截至 2010 年 8 月,TAKE 10! 已在美国超过 40 000 所小学推广,该项目将学术课程与健康概念融为一体,以积极、有趣的方式影响着教师和学生。

3) 澳大利亚 EASY Minds 项目

近年来,澳大利亚本土学生数学成绩的持续下降引起了其国内众多专家学者的密切关注。EASY Minds(鼓励活动以激发儿童思维)项目,旨在通过在小学开展以运动为基础的数学学习体验,从而提高儿童的体育锻炼水平。EASY Minds 项目主要通过两种方式来进行教学:

① 以体育活动为平台,发展基本数字运算的程序性活动,例如,学生在进行跳跃、投掷和接球或者跑操练习时回忆乘法表;

② 注重观察学校周围环境中的数学活动,例如通过估算和测量距离,学生在自然环境中寻找形状并识别其属性,接着收集涉及踢、投掷和击打等基本运动技能的数据。

EASY Minds 项目的教学内容主要包括数与代数、测量与几何、统计与概率三个单元。

① 在数与代数单元中,教师鼓励学生在室外用粉笔画出一条标有数字的直线,接着向学生提出一个算数问题。例如 8 000—673 等于多少,学生一边要思考答案,一边要通过体育动作来表示最

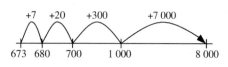

图 5-2 数与代数活动示意图

后的答案。例如 1 000 = 深蹲,100 = 跳跃,10 = 俯卧撑,1 = 下踢腿。学生通过计算,得出答案是 7 327,因此要做 7 个深蹲、3 个跳跃、2 个俯卧撑和 7 个下踢腿,见图 5-2。

② 在测量与几何单元中,教师与学生来到网球场地。学生以小组为单元将他们在网球场上能识别的所有形状进行大致分类,接着要求每个小组的学生手工绘制并测量所有关键部分,这里要注意的是学生可以选择各种方式去测量面

积和周长以及自主决定长、宽、半径、直径和对角线,接着使用恰当的比例绘制比例图。测量与几何单元的第二个环节是估算和测量 2D 形状,具体是要求学生以竞赛的形式用先前的圆锥形标记做出 2D 形状。此外,学生必须将标记放在正确的形状之中再进行测量。

③ 统计与概率单元主要是目标教学。具体内容是学生可以采用各种投掷姿势依次向目标区域投掷三个球,并用粉笔画出自己的目标区域,写上自己喜欢的数字。接着教师将为学生提供 1～6、1～12、1～20 各种筛子,学生有三次掷骰子的机会,然后将目标数字乘以骰子数计算出总分、平均数、中位数,最后学生还将创立自己的表格,并进行分析和解释。EASY Minds 项目在澳大利亚多所小学取得了不错的效果,学生的数学成绩普遍得到了提升。EASY Minds 项目所提倡的教学法实际上与澳大利亚新南威尔士州的优质教学模式如出一辙,其相似之处在于数学概念和思想是整个课程内容的核心,所有课程内容都经过精力挑选,以促进数学思维理解的体育活动。

4) 澳大利亚 TWM-E 项目

在澳大利亚教育部门的重视下,"英语中的边想边动"(TWM-E)项目由澳大利亚纽卡斯尔大学领衔开发,通过单校小样本试验和多校应用实践的方式探讨了以读、写、说为主的语言类体智融合课程的教学活动。TWM-E 项目将体育锻炼纳入小学英语课程中,通过互动式运动学习为英语课注入新的活力,语言类课程与体育活动相结合还有可能对身体和认知结果产生积极效应。与传统的体育活动相比,TWM-E 的优点在于能够有效利用现有的英语课程进行学习活动设计,进而帮助教师能够兼顾体育活动的实施效果和学科教学大纲的标准。TWM-E 课程总共进行 4 周,每周 3×40 分钟,通常在上午 9:00 至 10:30 的英语课中以及教室外进行。此外,TWM-E 课程的重点在于将拼写、语法、视听能力与体育活动结合起来,例如教师要求学生用粉笔画出 3 米×3 米的正方形图案,接着在图案中随意摆放的各种字母上来回跳跃与活动,同时再拼写单词。TWM-E 课程内容主要包括"拼写 + 体育活动"和"语法 + 体育活动"。较有代表性的"拼写 + 体育活动"包括拼写健身、篮球运球、跳房子以及同音字急转弯 4 种。

① 拼写健身:具体组织形式是两个学生一组,一边尝试性回忆并大声拼写

出之前学过的单词,一边跳绳、做深蹲和俯卧撑或自选运动,同伴二人相互监督并定时更换项目。

② 篮球运球:在开始篮球运球活动之前,教师首先会将刻有字母的柔性健身球随机放置在操场上。学生两人一组,检查同伴所选择的拼写单词,并围绕着字母球完成拼写。

③ 跳房子:教师在操场上用粉笔画出一个3米×3米的正方形,接着将其分成9个相等的正方形。教师和学生分别选择一个由9个字母组成的单词,学生看到这个单词时依次从一个方格跳到另一个方格,并及时记录。

④ 同音字急转弯:教师给学生提供缺少一个单词的句子,接着学生必须迅速地找出缺失的单词并完成正确的动作,例如 there(10个俯卧撑)、their(10个深蹲)、ther're(自选动作),学生不光要正确找到答案,还要迅速地完成正确答案所代表的动作。

"语法+体育活动"则主要包括抢占据点和主动副词两种。

① 抢占据点:教师将装有字母的袋子放在画有正方形标志线的场地上,学生4人一组分布在4个角落。在教师的指挥下,每组依次派出一名学生去捡字母袋,拿到字母袋的学生要等下一名学生与自己击掌后才能拿回自己的据点,教师的哨声一响则停止活动。最后,各组的学生记录每个字母袋上的各种词性,例如形容词、动词以及名词等。

② 主动副词:学生2人一组,各自查找包含副词的句子,例如:He quickly ran down the road to buy milk(他迅速跑到路上买牛奶)。接着学生需要记录这个句子中的副词,并根据副词的描述方式使用各种路线方式穿越操场并返回,例如:side gallop(侧滑)、skip(跳)、shuttle run(穿梭跑)等。

为了进一步提高TWM-E项目的教学效果,米尔托·F.马夫利迪(Myrto F. Mavilidi)等人开展了一项为期6周的针对教师教学能力的干预计划。该计划的实施包括以下几个部分:

① 全天的教师专业学习。

② TWM-E设备包。

③ 教师手册,其中包括如何将体育活动学习融入英语课程。

④ 由研究小组开发的在线课程资源和PDF资源。

⑤ 在计划干预期间，研究小组成员对每所学校进行三次观察，并及时提供反馈。

⑥ 每周发送电子邮件提供实施策略支持（根据研究小组的观察结果为每所学校提供单独建议）。

首先，参与干预计划的教师将参加在大学举办的全天学习研讨会，研讨会的主要内容是将基于体育活动的学习与适当的英语教学大纲内容相结合，向教师介绍理论内容和生活情境相结合的策略，具体见表5-1。开展研讨会的主要目的是让教师掌握必要的技能，将体育活动作为发展读写能力的一种有效的教学方法，着重关注体育活动对学生的有益之处。其次，研讨会还将通过示范活动和传授经验让教师熟悉体育活动，并帮助他们整合小学英语课程与体育活动课的资料。教学重点则关注现行的教学大纲，尤其是拼写和语法。最后，在专业学习研讨会结束后，教师还会收到TWM-E设备包（粉笔、白板、绳梯、篮球、跳绳、字母带等）。此外，教师还可以访问由研究小组开发的一个网站，通过该网站可以学习TWM-E课程模块活动示例。该计划由普通任课教师在学校安排的英语课上实施，并鼓励教师运用在专业研讨会中学习到的知识来讲授体能活动英语课。与此同时，在该计划的第1、3和5周期间，研究小组还将对教师进行3次访问，并在访问过程中针对一些共性问题提供建议和策略。在第2、4和6周期间，研究小组在对体育活动英语课程进行观摩的同时向授课教师提供评估和反馈意见。总之，TWM-E课程对儿童的学业成绩和体能产生了积极影响，证实了使用可转化为学术概念的任务相关动作确实是一种有效的学习方法。同时，体育活动干预也被证明可以培养儿童的多种技能，具体来说，包含了学生的位移能力、控制能力、表达能力以及创新能力。TWM-E课程所提倡的灵活教学方式，为其在澳大利亚各地小学的推广创造了有利条件。

表5-1　教师TWM-E研讨会内容

项目	内容
课程原理	介绍当前的研究成果，确定体育活动的普遍性和相关问题、认知能力以及K-6课程

(续表)

项目	内容
TWM-E 指导者	示范和规范学习课程,重点关注校本体育活动的益处、体育活动与认知、在课上开展体育活动、为什么英语课应该变得活跃、如何在每所学校开展体育活动以及 TWM-E 方法的益处
TWM-E 实施者	利用研究小组设计的现有课程示范 TWM-E 活动;教师将根据 TWM-E 方法修改自己的课程;介绍在学校成功实施和倡导 TWM-E 教学所面临的挑战
TWM-E 实操	要求教师将 TWM-E 教学法引入学校社区,并提供具有实施影响力的证据;教师还将利用工作坊开发相应课程资源

5.1.3 美国 PAAC 和 A+PAAC 课程

1986—1998 年美国儿童的超重率急剧上升。为了减少儿童肥胖症,美国卫生与公众服务部为小学开发了一种最低限度的干预课程,以提高体育锻炼(PA)的水平,从而降低儿童肥胖率,故此,"跨学科体育锻炼(Physical Activity Across the Curriculum,PAAC)"课程应运而生。PAAC 课程的主要目的是评估增加体育锻炼对于预防小学生肥胖症的影响,次要目的是评估体育锻炼与学习成绩、课堂管理、有氧健身以及心血管疾病风险因素之间的关联。PAAC 作为一种跨学科课程,可用于任何学科,适合于不同的学习方式,并且有助于学生改进学习。具体而言,通过将 PAAC 与数学、语言艺术、社会研究或科学等课程相结合,以此提高学生的身体活动水平。PAAC 课程特别重视教师的专业培训,每次在职培训为期 6 个小时。在培训课程中,教师们需要学习如何在课堂上全面实施体育锻炼,以及如何将体育锻炼纳入教案。此外,培训内容还涵盖了课堂组织和管理技巧、学生行为观察、安全程序、教学技巧等。PAAC 课程内容包含与其他学科的交叉融合,例如体育与数学融合可以让学生们一边运动一边背诵乘法口诀表;体育与地理融合可以让学生们面向教室中的指定方向适当跑步;体育与动物科学融合可以让学生模仿动物的运动方式。与此同时,PAAC 课程还倡导这样一种理念,即体育活动可以在多个时间和地点进行,而学生无须到专门的场地以及换上专门的衣服。PAAC 课程不仅能帮助学生提升体育锻炼水平,降低肥胖水平,还能有效提高学习成绩。例如在一节拼写课上,教师要求学生从一个字母跳到另一个字母,接着拼写出一个单词,见图 5-3。此外,如果学生正在学习介词短语的话,教师可以通过读故事的方式,让学生听短语完成跳跃动作。

图 5-3　体育活动应用于学科课程示意图

国外目前有关 PAAC 课程评估方法的研究较为丰富,例如采用 Linnan and Steckler(林楠和斯特克勒)以及 Baranowski and Stables(巴拉诺夫斯基和斯特布斯)的评估要素来设计整体的评估框架。这一过程评估方法的主要目的是检测教师按原计划实施 PAAC 课程的忠实度、跟踪和干预措施的实施程度、教师的接受程度以及教师和学生在整个学年中的参与程度。具体而言,教师和研究人员通过使用"体适能指导时间观察系统"(SOFIT)和李克特量表(例如 1＝躺,2＝坐,3＝站,4＝走,5＝慢跑/跑步)记录学生的体力活动强度水平,深入分析可靠性和一致性百分比。为了控制时间段上的偏差,可靠性测试具体安排为每季度进行一次。除了测试与数据收集外,研究人员在每周还会举行会议,讨论探究实施课程中的一系列问题。在这些会议上,研究人员分享了每周教师进行评估和实地考察的结果,以便能够及时了解影响 PAAC 课程发展的情况。对 PAAC 课程进行直接观察和了解基本情况后,研究人员开始对个别课堂进行直接观察并制定了随机抽样的方法,即随机确定要观察的学校和每周的观察日,通过 SOFIT 评定学生的活动水平。在对照学校和干预学校的每个教室中,研究人员随机抽取 3 名学生进行现场观察,以衡量学生在课堂上的活跃程度。在长达 10 分钟的时间里,每隔 20 秒研究助理就会使用 SOFIT 评级法来表示教师与学生一同参与活动课程的频率,研究结果表明干预学校的学生在课堂中的身体活动量明显高于对照组学校的学生。而这种过程评估的优点在于采用了定量和定性的方法，以便对整个评估过程的忠实性和实施问题进行更彻底的检查。每周收集体育活动时长和授课节数的定量数据可以帮助研究人员评估教师实施 PAAC 课程过程中是否达到了干预措施的最低要求。这项举措还为 PAAC 课程在其他领域的开发提供了较好的思路，作为课堂教学计划的一部分，组织一些体育活动能打破某些学科的单调枯燥。PAAC 课程最大的特点在于为教师提供了一种"很好的教学策略"，特别有助于打破单调的课堂氛围。实践证明，PAAC 课程更有助于教师管理学生的行为，防止学生躁动，使学生在课堂中注意力变得更加集中。积极参与 PAAC 课程的学生，有相当一部分能够更好地学习概念以及提高记忆力，例如其拼写能力得到了显著的提升，在体育锻炼上表现得比以往更爱锻炼身体。此外，PAAC 课程还得到了参加干预实验学校教师和学生的广泛认可。通过直接观察和教师自我报告可知，学生喜欢参与体育活动课程，并且体育教师也偏好于通过实施体育教学来活动身体。

PAAC 课程的系统开展对于学生身体健康来说有着良好的效益，主要体现于：

（1）在心血管健康、认知功能和学习成绩上，PAAC 课程有着显著的促进效应

研究人员发现，儿童的心血管健康水平与认知功能之间存在着较大的关联，为了塑造儿童健康的身体，需要更多的认知控制注意力任务，这包括目标定向、自我调节过程的子集，其中又包括了计划、组织、抽象问题解决、工作记忆、运动控制和抑制控制等。卡斯泰利（Castelli）等人对 259 名三至五年级学生的心血管健康与学习成绩之间在横向上进行了评估，发现心血管健康与总成绩（数学成绩、阅读成绩）之间存在着正相关。与此同时，韦尔克（Welk）等人也报告了得克萨斯州的体能活动得分与全州学业成绩测试之间的重要关联。西布利（Sibley）和埃特尼（Etnier）通过实验发现体育锻炼可能与发育过程中的认知功能有关。研究发现，体育锻炼与儿童（4～18 岁）的认知功能（感知能力、智商、学业成绩、语言能力等）存在正相关关系。PAAC 课程本就是将学生的体育锻炼、学业成绩以及心血管疾病风险关联起来的综合性课程。通过 PAAC 课程的学习，学生的心血管健康水平得到了有效提升，认知更佳，学业成绩得到了提高。

（2）PAAC 课程对于儿童的体重指数（BMI）与学习成绩的联系也有一定的影响作用

6 项研究的结果表明，儿童的体重指数越高，学习成绩就越差。罗伯茨

(Roberts)等人报告了1 989名不同种族的五年级、七年级和九年级学生的情况，他们完成了1英里(1英里=1 609.34米)步行/跑步体能练习、体重指数和加州标准化学业成绩测试，与BMI状况良好的学生相比，那些未达到疾病控制与预防中心标准的儿童在数学、阅读和语言测试中的得分较低，而在PAAC课程的干预后，儿童的学习成绩得到了一定程度的提升，另外体重指数也得到了相应的控制。在这项实验中，除了评估PAAC课程实施后学生在第一年至第三年体重指数的变化外，还对191名男生和261名女生中的子样本进行了测量，包括体能情况、血液生理指标、血压、腰围、日常体育活动和学习成绩。唐纳利(Donnelly)等人为了验证PAAC课程的活动效果，开展了一项为期3年的分组随机对照试验，在24所小学中，比较了接受PAAC(14所)或作为对照(10所)的学校在体能和脂肪方面以及学习成绩的变化。研究结果表明，传统课堂与PAAC课堂的差异性体现在课堂环境的氛围感不同，PAAC课程提倡每周90分钟的中度到剧烈运动强度的活动内容[3.0~6.0METs(能量消耗)，每节课约10分钟]在整个上课期间以间歇的方式进行，上课的场所一般安排在教室内，偶尔也会在走廊和室外场地。PAAC课程用于数学、语言艺术、地理、历史、科学以及健康等多个学科领域，最鲜明的例子包括在数学课学习分数时，将教室划分为指定区域，同时要求学生通过跑步将自己分到一个区域来解决问题，这样就保证了每个区域的学生人数就构成了正确答案。具体来说，如果教师给出的分数是2/5，那么学生就会跑到指定的2和5的位置。另外一个例子更为有趣，教师要求学生在教室里来回跳，并时刻记录自己的"圈数"，接着把几组学生的圈数相加(5个学生×5圈=25)。这项教学内容不仅让学生保持一定的运动强度，还特别考查了运算能力和注意力。但是，这种教学更适合室外场地。

美国A+PAAC项目是基于PAAC运动课程，由美国国立卫生研究院赞助的为期3年的体智融合课程。起初PAAC的目的是通过有效的体育锻炼来防止小学生体重指数上升，然而随着PAAC项目进一步推进，课程设计团队为了完善其实施效果，又在其基础之上开展了一项为期三年的实验项目A+PAAC，用来评估体能活动教学对二年级和三年级小学生学习成绩的影响。与PAAC不同的是，A+PAAC将改变现有的课堂环境，利用体育活动教授现有的学术性课程。A+PAAC课程可用于数学、语文、地理、历史、科学和健康等多个学科，它代表着一种"概念",即体育活动与课堂教学相结合,体育课的教学内容仅受体育教师创造力的限制。A+PAAC课程规定体育教师除周末外每天要上两节10分钟的A+PAAC课,上午和下午各一节,因此小学生每周的体育活动总量达到100分/周。A+PAAC课程增加体育活动,有许多潜在的优势,为提高儿童的体育活动水平提供了机会,不需要增加更多的体育活动,而是将体育活动作为教学课程的一部分。因此,与其他方法(如体育运动、课后计划等)相比,儿童实际参与更多体育活动的概率可能更高。A+PAAC课程利用体育活动教授学术课程,也不会减少教学时间。此外,A+PAAC课程的实施不需要额外的财政资源或时间投入,大大减轻了学校教师的负担和顾虑。A+PAAC课程还具有较好的成效,据国外有关学者的实验结果,参加A+PAAC课程的儿童在阅读、数学和拼写方面的学业成绩都有所提高。A+PAAC课程的体育活动强度达到了相关标准,对小学生的认知功能产生积极的影响。当然,A+PAAC课程也存在着一些问题,那就是对体育教师自身的精力与体力是一种极大的考验,原因是每堂A+PAAC课都需要体育教师去精心设计,上课频率过高大大加重了备课时的负担。为了解决这一难题,课程设计者开展了为期6小时的在职培训,并且保证所有培训课程都要配备一名拥有25年以上经验的研究人员,并为A+PAAC课程的实施提供较为新颖的教学方法。此外,研究人员还利用了SOFIT对干预学校和对照学校的课堂体育活动进行了直接观测,SOFIT通过便携式开路间接热量计(COSMED K4b2)对40名抽样学生(20名男生,20名女生)的能量消耗进行取样。与此同时,干预学校和对照学校的校长/副校长将完成一份5个项目的调查,内容涉及可能影响A+PAAC课程的外部因素或竞争因素等。

5.1.4 荷兰F&V课程

过去几十年以来,肥胖症患者在全球范围内急剧增加,尤其是在荷兰,肥胖率一直居高不下。与此同时,荷兰的社会弱势群体儿童问题一直以来都未能够得到妥善解决,这些儿童不仅在学习成绩上落后于非社会弱势儿童,体质健康也不容乐观。因此,荷兰的教育部门不断探寻一种新的教学方法,尝试着将体育活动与学术课程相互结合,缩小社会弱势群体儿童在各方面的差距。此外,荷兰教育部还制定了荷兰小学的核心目标,即所有学生要通过积极参与社会生活而掌握重要的技能。这些重要的技能包括：荷兰语、数学、英语、探索性社会研究、艺术教育以及体育。为了更好地实现核心目标，荷兰格罗宁根大学研究人员开发出了 F&V 课程。这是一个全新的课程系列，在荷兰小学的数学和语文教学中融入了体育活动。F&V 课程能给荷兰小学生带来许多益处。其一，通过体育锻炼可以帮助儿童在学习期间获得感官运动信息。其二，适当的体育活动会加快大脑的活动，可能会提高儿童的注意力。此外，较长时间有规律地进行中度至剧烈运动可能会产生新的细胞和血管，使得大脑的功能有所改善。F&V 课程的主要内容都汇编在一本课程手册中，主要针对的是二年级和三年级等低年级的学生。F&V 课程一般在课堂上进行，为期两个学年，一学年 22 周，每周 3 次课，每次课时长 20 至 30 分钟不等。每次课还细分为数学活动时间、语言活动以及体育活动时间。例如学生为了理解乘法口诀中 2 的倍数，当场就会跳跃 8 次，而体育活动强度一般达到中高强度为教学目标。

围绕着 F&V 课程是否能利用体育活动促进学生的学业成绩，国外研究人员展开了一系列的实证研究。Marijke J. Mullender-Wijnsma 等人对 6 所学校的二年级和三年级学生开展了为期两年的干预实验，从而直观地描述 F&V 课程的实施情况。在研究方法上，研究人员从荷兰北部 6 所小学的二年级和三年级学生中招募了 228 名儿童，其中男生 122 名，女生 106 名。3 个二年级班级参加了 F&V 课程干预，另外 3 个二年级班级组成对照组（$n=52$）。在二年级参与干预的学校中，三年级学校组成对照组（$n=56$）。在具体干预步骤上，研究人员为二年级和三年级共同开发了 63 节体育活动课，所选择的教材以荷兰二、三年级的数学与语文课程为基础。在每节体育与健康课上先用 10~15 分钟解决数学问题，再用 10~15 分钟解决语文问题。课的重点是孩子们重复和记忆在先前课堂上学到的各种知识，接着在进入体育与健康环节时教师会要求孩子们站在课桌附近。在上课过程中，教师会将学科知识与体育活动紧密联系起来。孩子们根据学科知识问题进行特定的练习，例如在拼写单词时，每提到一个字母就必须原地跳起；而在体育与健康课的剩余时间内还会进行一些基本练习，例如原地踏步、慢跑等。F&V 课程还会用到诸如交互式白板的智能设备，通过黑板上的演示来完成教学任务。在评估方式上，采用任务观察和心率测量。一方面，为了评估儿童在 F&V 课程中的任务行为，2 名观察员每次观察 6 名儿童，每名儿童被观察 5 秒钟。当 6 名儿童被观察一遍后，再从第一个开始观察。观察的主要内容包括孩子们是否表现出与课程内容相关的任务行为以及动作相关的任务行为。此外，观察人员还特别关注了课堂中孩子们是否能专心听教师讲课或是与白板上显示的课程内容互动，以及孩子们是否专心做规定的动作。在动作观察中，观察员还特别留意了孩子们是否进行了基本练习、特定练习以及其他练习。观察结果的可靠性基本一致，范围从 $k=0.73$ 到 $k=0.78$。另一方面，在进行 F&V 课程干预之前，在体育课上进行了 20 米往返跑最大耐力测试，儿童的最大心率由往返跑测试中记录的最大心率确定。一年之后，研究者通过测试数学和阅读能力来评估儿童的学习成绩。数学成绩根据"速度测试——算术"（Tempo Test—Rekenen）的成绩进行评估，得分按照完成任务的总数计算，最高分为 200 分。研究结果表明，通过 F&V 课程干预后的三年级学生的数学成绩和阅读成绩明显高于对照组。与体育课相比，F&V 课程能有效增加能量的消耗。这项实验的局限性在于，由于课程内容和儿童学习动机的不同，每节课的任务行为和强度也可能不同。此外，参与这项研究的班级数量毕竟较少，只有六所小学的六个二年级班和六个三年级班。

另外一项干预实验是关于 F&V 课程是否能提高社会弱势群体儿童的学业成绩的实证研究。前述中已经基本说明了荷兰本土一直存在的社会弱势群体儿童的问题，尽管几十年来有关工作人员一直在努力解决社会弱势群体儿童存在的系列问题，但这些儿童在学业成绩和体质健康上仍存在不小的差异。Marijke J. Mullender-Wijnsma 等人尝试着采用 F&V 干预课程来提高社会弱势群体儿童的学业成绩。参与者是荷兰 12 所主流学校的小学二年级和三年级的 499 名儿童，这些学校是从 5 个小学委员会的 46 所学校中挑选出来的，其中有 113 名儿童被划分为社会弱势群体儿童。需要说明的是，社会弱势群体儿童和非社会弱势群体儿童的划分依据是基于父母的受教育程度，父母或是监护人完成中学教育少于 3 年的儿童被划分为社会弱势群体儿童。此外，每所学校都有一个二年级班级和一个三年级班级参与实验研究，每所学校的班级被随机分配到干预组（249）或对照组（250）。当二年级被分配到干预组时，三年级自动成为对照组，反之亦然。根据"跨课程体育活动"研究的初步结果，功率分析的结果是样本数不低于 20 个班，每个班 25 名儿童。在 F&V 课程的干预中，教师在课堂中教授数学和语文时融入体育活动。在 20～30 分钟的课程中,数学和语文活动各占一半。在测量手段上,采用一分钟测试评估阅读能力,用速度算数测试评估数学能力。此外,儿童的数学和拼写方面的能力分数是从儿童学业检测系统中获取的,该系统是一个标准化的常模参照系统。其中,一分钟测试用于评估二年级至六年级儿童的阅读能力,在一分钟的时间内儿童尽可能多地朗读单词,然后换一组单词重复进行,得分按照正确朗读的单词总数(0～232 个)计算。速度算数测试用于评估儿童的数学速度表现,对儿童的运算速度有着严格的时间限定,所有算术题都必须尽快完成,完成任务的总得分限定在 0～200。

1）拼写测试

荷兰大多数小学每年都会进行两次学生学业测试,在拼写测试的第一部分,教师会朗读一个句子,接着重复读出句中的某个单词,儿童必须正确写出该单词。第二部分则更偏向于个人任务,主要是在教师的引导下学生被要求迅速找出拼写错误的单词。

2）数学测试

数学测试涉及数感、算术、代数、几何、时间等多个领域,甚至还有比率和分数知识,测试主要通过数字或纸笔完成。在荷兰,这种测试的信度(r 值在 0.93～0.96 之间)、内容效度较好。儿童在干预前、第一个干预年后、第二个干预年后以及干预结束后的 7～9 个月接受评估。第一年,由 6 名刚毕业并获得资格证书的教师教授 F&V 课程。第二年则由普通班级教师授课。研究结果表明,在干预实验的开始阶段,干预组和对照组在阅读、拼写以及数学速度测试得分上基本没有差异,但是在第一个干预年后,干预组儿童的成绩比对照组儿童有明显提高。最终实验结果似乎有点出人意料,在所有的 4 项学业成绩测试中,无论是在干预一年后、两年后还是在随机访问时,社会弱势群体儿童和非社会弱势群体儿童的干预效果都没有显著差异,这表明 F&V 课程对社会弱势群体儿童和非社会弱势群体儿童的作用效果相同。随后,研究人员发现,F&V 课程对数学学业成绩的影响较为明显,但是对拼写的影响却是微乎其微,原因是 F&V 课程的重点在于不断练习和重复,夯实了学生的知识基础,有利于后续学习的循序渐进。究其差别发现,在拼读课上一些特定的单词以及相应的学科知识在后续的拼写课程中的用处不大,但是 F&V 课程内容中所获得的数学知识在以后的数学课程中可能会更有用。F&V 课程不断对数学问题进行反复练习，进而为后续难度更大的数学问题提供了坚实的基础。对数学的持久影响表明在体育活动课结束后，数学成绩的提高可以保持 7~9 个月之久。因此，研究人员建议在 F&V 课程内容安排上鼓励整个小学阶段尽量将体育活动与学术课结合起来，以提高社会弱势群体儿童和非弱势群体儿童的学业成绩。

5.2　国际经验总结与借鉴

美国 SPEM 课程、国外体智融合课程、美国 PAAC 与 A+PAAC 课程以及荷兰 F&V 课程对传统体育学业课堂的组织形式进行创新，将学生的身体活动与学业成绩、情意表现和社会适应等相融合，从而达到优化学生身心健康、学业表现以及认知能力等教学效果的目的，为体育与其他学科的有机融合提供了方法范式与实践经验。这些国外体育跨学科课程虽然在某些教学环节的设置上还存有不足，但是较之于国内，其相对成熟的设计理念、教学方法以及组织形式对我国体育与健康课程跨学科主题教学仍然具有颇高的借鉴意义。

5.2.1　育人理念达成共识

育人理念是推动教育进步和学生全面发展的关键。教师持有什么样的教育理念，就会做出与之相匹配的种种行为。体育作为我国学校教育的重要组成部分，在育人工作上起到了不可替代的作用。原因是体育具有众多学科难以媲美的独特手段——身体练习。学生在体育教师的指导下通过多种形式的身体练习，习得了不同的运动技能，形成了对自己身体形态、身体机能、身体素质的全面认知，进而潜移默化地生成了各种正确的价值观念。但是，如果只是一味地强调运动技能学习的显性价值，忽略了与其他学科的潜在联系，那么就会固化体育与健康学科的知识体系，形成与其他学科之间的壁垒，不利于学生的全面发展。据此，《新课标》中首次提出了"跨学科主题学习"模块，强调多学科交叉融合的教学内容，以此来拓宽体育与健康课程的育人功能。但是，目前体育教师对跨学科主题教学的认知不够深入、全面，甚至存在误解，认为跨学科主题教学仅是简单的学科拼凑，进而出现"为跨而跨"的现象。究其原因，体育教师首先在育人理念上就出现了偏差,未能真正理解"跨学科主题教学"的内涵。美国 SPEM 课程根据小学生喜爱模仿、想象力丰富、注意力常与兴趣相关的认知发展等特点,采用了 5E 教学模式,让学生自主探究知识的来龙去脉,大大提高了其学习积极性,帮助学生深入理解不同学科知识间的内在关联。此外,在每一堂体育课上学到的知识能都进一步被应用于课外或是日常生活中,做到了理论联系实际,提高了学生的知识运用能力。荷兰 F&V 课程要求学生积极参加社会活动,掌握重要的技能,强调在社会活动中帮助儿童获得感官运动信息。此外,F&V 课程的设计人员一直秉承着体育活动能够改善大脑功能的理念,通过坚持较长时间有规律地进行中度至剧烈运动,来促使新的细胞和血管的产生,进而有利于大脑功能的提高。因此,我国义务教育阶段的体育教师在设计与实施跨学科主题教学的过程中,在育人理念上要明确体育教育的目标和方向,确保体育跨学科主题教学能够围绕着培养学生的核心素养和能力进行。其一,体育教师要着眼于提高学生体育与健康知识的学习与运用能力,提升学生综合运用多学科知识来解决本学科问题的能力,形成积极的生活方式,真正落实终身体育的理念。其二,体育教师在认真考量体育与健康课程跨学科主题教学运动强度的基础上,合理控制学生在课上的运动强度,进一步强调在保证合理身体活动的基础上,能够最大化地追求体育与健康知识以及其他学科知识的相互关联。

5.2.2 注重真实学练情境

当代教育中,真实学练情境的创设对于提高学生的学习兴趣、促进知识的应用以及培养学生的实践能力具有重要的意义。而从教学角度看,真实情境是学生进一步学习、理解、运用、建构知识的学习环境。从促进学生全面发展的角度来看,创设真实情境是发展学生关键能力的前提条件。只有在真实的学练情境中,学生才能亲身体会知识的生成。学生只有将身体融入真实的学练情境中,才能形成自己对于身体练习的"感悟",进而达到"身"与"心"的统一。但是,体育与健康跨学科主题教学教材匮乏,阻碍教学内容育人效果的提升,进而导致体育与健康跨学科主题教学的"去学科化"和"情境失真化",因此,体育教师难以为学生创设真实的学练情境。而美国 SPEM 课程和澳大利亚 TWM-E 课程在真实学练情境的创设上做到了联系学生的生活经验和社会实际。美国 SPEM 课程在教学内容的设计上，主张将身体活动与学生已有的经验相结合，创设切合实际的教学内容，将学生置于真实的生活情境氛围中，促进学生自觉、主动、积极地进行学练。此外，教师还将学生实际生活中最常见的生活情境与学科知识和体育场景相融合，设置了体育与生活相联系的独特环节，缩小了体育与生活之间的距离，进而激发学生主动探索体育与健康以及其他学科知识的兴趣。澳大利亚TWM-E课程是通过单校小样本试验和多校应用实践的方式探讨了以读、写、说为主的语言类体智融合课程的教学活动。TWM-E项目将体育锻炼纳入小学英语课程中，通过互动式运动学习为英语课注入新的活力，其课程内容中的"拼写+体育活动"为学生创设了较有趣味性的学练情境。"拼写+体育活动"包括拼写健身、篮球运球、跳房子以及同音字急转弯4种。其中在跳房子这一教学内容中，教师在操场上用粉笔画出一个3米×3米的正方形，接着将其分成9个相等的正方形。然后教师和学生分别选择一个由9个字母组成的单词，学生看到这个单词时依次从一个方格跳到另一个方格，并及时记录。这样的教学内容安排使得学生的认知水平与生活情境紧密关联。因此，为了更好地提升体育与健康课程跨学科主题教学的效果，体育教师要寻求创设真实学练情境的解决之策。其一，体育教师要立足于《新课标》，积极建设和编制体育与健康跨学科主题教学的教材和记录典型课例，提高教学内容的质量、创设真实学练情境以及提升学生多学科知识整合与解决复杂问题的能力。其二，充分借用数字化技术，在体育与健康跨学科主题教材中加入各种教与学的运动项目和运动技能的虚拟影像，为教师和学生提供生动形象的数字资源库，实现传统教材与数字教材的完美融合。

5.2.3　注重学生体智双收

现如今，社会对人才的要求逐渐变高，人才不仅要具备扎实的专业知识，还需要有良好的身体素质以及精神面貌。因此，注重学生体智双收，促进学生体育与智育共同发展，培养综合型人才是教育工作的当务之急。注重学生的体育与智育共同发展，无论是对于个体还是社会都是意义非凡的。一方面，良好的身体素质是学生学习和成长的重要基石，有规律的体育锻炼能够帮助学生增强体质、保持健康。另一方面，学生智力的不断发展是其认知世界、解决复杂问题的关键。智力练习，不仅能提高学生的逻辑思维能力，还能让学生有计划、有目的地进行身体活动。如此看来,体育与智育之间是相辅相成、相互联系的紧密关系。体智融合课程是以体育运动为基础开发的一类多学科的综合性课程,体育与健康课程跨学科主题教学在内容本质上就涵盖了体智融合课程,只不过我国的体智融合课程较之于国外,类型单一,内容和方法单调。因而,体育与健康课程跨学科主题教学在促进体育与智育融合上具有方案缺失和动力不足等缺陷。相比之下,国外体智融合课程在很多方面都能给予体育与健康跨学科主题教学许多借鉴。因此,体育与健康课程跨学科主题教学在吸取国外体智融合课程经验的背景下要更加重视学生的体智双发展。其一,体育教师要更新教育观念,通过树立全面发展的教育观,重视体育与智育在学生成长中的独特作用。其二,创新教学方法。体育教师在设计跨学科主题教学时应采用多样化的教学方法,例如运用自主、合作、探究等方法激发学生的学习兴趣。其三,建立适合评价学生体智发展的评价体系,包括身体素质、学科智力水平测试以及综合素质评价等。其四,教育主管部门和学校应合理配置各种教育资源,确保每位学生都能享受到高质量的体育和智育教育。

5.2.4 关注学生个性发展

以学生发展为中心,促进学生个性发展是近些年学校体育改革的重要目标。在多元化社会背景下,教育的目标之一是培养学生的个性。个性化教育关注每位学生的独特性,旨在于满足他们的个性化需求和潜力开发。因此,体育与健康课程跨学科主题教学更要把学生个性的发展置于重要位置。学生在体育跨学科主题教学中形成鲜明的个性,是评估的重要依据。因而,关注学生个性的发展显得尤为重要。一方面,学生个性发展能够激发其创新思维,帮助形成解决问题的关键能力。另一方面,个性化学习方式有助于提高学生的学习积极性和效率,进而促进德、智、体、美、劳全面发展。但是,目前体育与健康跨学科主题教学难以突出学生个性的发展,教学内容、教学方法以及教学评价都严重缺少个性化元素,因此相当程度上忽视了学生的个性化需求。因此,体育与健康课程跨学科主题教学要关注学生个性的发展。其一,体育教师应充分根据学生的兴趣和能力定制个性化的教学计划,让学生依据自身的学习节奏和方式进行学习。其二,优化学科内容的整合。通过将体育与数学、地理、科学、物理等学科进行有机整合,来进一步满足学生对多元化知识的现实需求。其三,体育教师应制定多元化的评价体系。建立包括学生的运动技能、跨学科知识应用能力以及个性化发展等指标,全面衡量学生的进步和成长。

5.2.5 正式与非正式学习并举

正式学习与非正式学习作为终身学习的两个重要组成部分,各自扮演着不可替代的角色。重视这两种学习方式对于体育与健康课程跨学科主题教学来说意义非凡。正式学习通常在教育机构中进行,其课程设置和教学内容具有明显的系统性和连续性,能够帮助学生系统地掌握各种知识,进而有助于学习者的职业发展和达到一定的知识水平和技能标准。非正式学习在学习时空上相对自由,不受时间和地点的限制,学生可以根据自己的兴趣和实际需求选择学习内容和方式。非正式学习常常与社会紧密结合,有助于学习者将理论知识更好地转化为实践能力,进而有助于培养学生创新精神和批判性思维。但是,目前《新课标》提出的体育与健康跨学科主题教学,很难体现出正式与非正式学习的交互。换言之,学校以及教师更为重视正式学习,而忽略了非正式学习。美国的 PAAC 和 A+PAAC 课程就很好地体现了正式学习与非正式学习的紧密结合。PAAC 课程的组织实施不需要教师额外的准备时间、使用相应的学科课程,也不需要额外的费用,体育活动可以在多个时间和地点进行,儿童无须到专门的场地以及换上专门的衣服。A+PAAC 课程同样具有许多潜在的优势,它促进提高儿童的体育活动水平,课堂环境使儿童不需要参加更多的体育活动,而是将体育活动作为教学课程的一部分。

因此,为了更好地开展体育与健康课程跨学科主题教学,学校应重视将正式学习与非正式学习结合,在分科教学的基础上实现课内外体育跨学科教学。

(1)学校可根据师生的实际情况,利用线上线下相结合的方式发展多元课堂教学模式,让学生不仅能在教师讲授中充分理解各种运动技能知识,还能学习多种技术,感受多学科知识与生活情境的联系。

(2)大力提升体育教师的跨学科执教素养,将多元化的知识储备纳入体育教师培养的全过程,教育部门和学校应组织跨学科教学的培训和研讨会,除此之外还要加强对教师的科技知识和专业技能的培训。

（3）由体育跨学科教学的骨干教师牵头，积极开展课内外跨学科主题教学的探究活动。教师引导学生积极面对生活中的复杂问题，学会自主思考、独立探索，逐步从一名学习者转变为一名研究者，并以独特的视角分析思考问题，从而促进科学思维、批判性思维的发展，提升学生综合能力。其四，体育教师要利用各种信息技术，将非正式学习资源与正式学习平台相结合，为学生提供更丰富的学习资源。此外，通过宣传，使学生理解终身学习的重要性，重视正式学习与非正式学习。

6 体育与健康课程跨学科主题教学模式构建

6.1 构建依据

教学模式是一线教师实施体育教学的基本媒介,具有相对稳定的教学实施框架和程序,能够反映特定教学理论的逻辑轮廓。体育与健康课程跨学科主题教学模式的构建依据主要基于以下三个方面:

1) 基于《新课标》政策导向

《新课标》基于发展学生核心素养和增进身心健康的目标,专门设立体育与健康课程跨学科主题学习,提出了课程内容结构化、大概念教学等育人理念,这为体育与健康课程跨学科主题教学改革提供了理论遵循,同时为体育与健康课程跨学科主题教学模式的构建提供了政策依据。在《新课标》背景下,体育与健康课程开展跨学科主题学习的首要原则是以学生发展为中心,充分考虑学生的个体差异。这意味着教学设计应从学生的兴趣、需求和能力出发,创造一个包容和支持的学习环境。教师应通过观察、交流和评估,了解每个学生的特点,包括他们的体育技能水平、健康状况、学习风格和兴趣爱好。同时,立足发展学生核心素养的教学目标,建立与其他学科密切相关、可迁移的知识联结,基于真实情境帮助学生提高解决问题的能力,实现多学科协同育人。

2) 基于国际综合性课程经验

美国的 STEM 或 STEAM 教育超越学科逻辑,采用更加综合的主题单元学习设计思路,依照"主题—话题—主导学科—任务"的基本架构,设计出超越学科的跨学科主题学习活动模型。美国 SPEM 课程、PAAC 和 A + PAAC 课程以及澳大利亚 EASY Minds 项目等，均基于建构主义等理论进行了综合性课程的开发，重在解决学生身体活动不足、体质健康水平偏低、肥胖等健康风险等问题，注重体育与其他课程学科知识的联结，促进学生综合素养的提升。此外，芬兰的"现象式教学"等均基于社会现象，依据建构主义、结构主义等理论进行教学模式建构，将各种学科主题整合在一起进行研究，为体育与健康课程跨学科主题教学提供了良好的国际经验借鉴。

3）基于实践中现实问题导向

如前文所言，体育与健康课程跨学科主题教学过程中存在教学目标定位不清、学科间知识联结不足、融合特征不凸出、教学评价简单等现实问题，以上问题的存在一定程度影响跨学科主题教学的开展，制约体育教师跨学科执教素养的提升。当然，跨学科主题学习出现一些问题或出现与课程改革规划不一致的地方，都是难以避免且可以理解的。但在继续深化实践时，我们应回到原点再次思考，跨学科主题学习活动的价值和定位是什么、设计的初衷和目标是什么、与学生核心素养培养之间是何种关系等，体育与健康课程跨学科主题教学模式的构建是对以上问题的现实回应。

6.2 构建原则

6.2.1 学生发展为中心原则

体育与健康课程跨学科主题教学活动开展应以学习者为中心，注重学生的身体活动体验，毕竟学生是活动系统的主体。在这一过程中，学生—学生、教师—学生、教师—教师等各个环节都发挥着重要的作用。具体而言，学生要先对在现实环境中存在的复杂问题有一个清晰的认识，之后可以利用以问题或项目为基础的学习方式及其他工具，展开问题分析。接着，利用合作探究的方法解决问题，最后进行成果展示与交流评价。随着教学活动的深入开展，学生作为活动系统的主体自身也会得到持续的发展，并在与系统中的其他要素的交流和互动中，提高知识技能和思维素养。教学的最终目的是促进学生的发展，学生是学习的主体，因而要发挥教师的主导作用以促进学生积极主动地学习。《新课标》背景下体育与健康课程跨学科主题学习强调教师是知识的传授者,要注重引导和促进学生学习。在教学过程中,教师侧重为学生创设具体的教学情境,让学生基于情境进行思考和学习,同时对学生进行启发和引导,让学生自主思考和探究问题,使他们掌握阅读的策略。此外,教师可通过平板电脑与学生进行单独交流,及时获取学生的学习进程,并提供精准的指导与反馈。

新时期,体育与健康课程改革要求教师应该充分尊重学生学习的主体性,在课堂教学中注重与学生之间的互动。建构主义理论认为,教师是学生建构知识的引路人,是促进学生完成建构知识的指导者和守护者,而学生是教学活动的实践参与者和知识构建承担者。本书构建的教学模式则以注重学生的主体性为基点,注重基于生活情境采用问题探究等教学方式。探究式教学是指为培养学生的探究意识及实践创新能力,教师创建条件引导学生主动探究问题、自主建构其知识体系的一种教学方式。不难看出,探究式教学相对于传统教学最大的不同便是提倡发挥学生的主动性,通过探究的方式来帮助学生学会学习,从而实现知识的建构。在采用探究式教学时,教师提供相关材料或者创设情境,学生通过自主学习去认识和发现问题,并与小组成员讨论交流,通过思考提出推论或假设,最后进行总结归纳,实现知识的内化与迁移。体育与健康课程跨学科主题教学过程充分体现和尊重学生的主体性,有利于培养学生的自主学习能力、创新能力和综合思维能力。坚持学生主体性原则,有助于提升学生学习的主动性,更有利于学生体育核心素养的培养,达到综合能力的提升。

6.2.2 基于真实情境原则

体育与健康课程跨学科主题教学需要在真实情境下进行设计,将学生日常生活中所熟悉的真实情境作为教学素材。越是贴近实际生活的情境,就越能让学生产生真实的感受,进而激发其学习动机,帮助其提升求知欲。教师在进行教学设计之前需充分考虑学生的认知水平,选取真实的情境以及教学资源有助于学生将学习到的知识应用到实践中,在实践中不断提高分析和解决问题的能力。教师还要重视学生的主体地位,充分发挥学生的主动性,选取与学生密切相关的真实情境并以此展开教学活动。跨学科的主题设置需要具有真实性,学习任务需具有真实性,从根本上来说,真实性应指向"真实发生的学习过程"。真实的学习过程中包含着真实的任务完成过程、真实的知识获取过程、真实的能力提升过程、真实的情感体验过程。如何才能保证课程的真实性？

(1) 选择源于现实的复杂主题，依据主题创设情境

这是完全基于学生发展需求的考量，跨学科主题学习的情境要源于现实，是因为学生未来要独立面对复杂多变的现实生活，解决现实问题是学生的必备能力。调查发现，已开展的体育与健康课程跨学科主题教学存在教学情境碎片化的问题，这些"零散"的情境距离完整的现实生活较远，学生无法从中获知事物全貌。设定教学主题后应围绕主题进行深入研究，如查阅体育与健康教材中与主题相关的知识，筛选与主题相关的高考题目，留意生活中与主题相关的现象，搜索与主题相关的科学研究成果等，从多种途径获取与主题相关的信息，构建一个完整复杂的主题情境。在这个情境中，学生必须使用体育与健康课程的多个概念、多个原理才能解决情境中的问题。以"探秘奥运·逐梦未来"——跨学科主题学习为例，通过课前查阅资料，课上合作分享，了解了关于奥林匹克运动会的丰富知识，巧妙地将这股知识的热潮与年级主题"奥球多元计划"结合起来，开展了一次充满活力的头脑风暴，并运用思维导图，以直观和系统的方式，规划了在校运会中所需开展的多方面学习和准备工作。可围绕这一事例展开分析：奥运会运动项目的数量是多少？运动项目的生物力学原理是什么？如何对运动项目比赛进行编排？如何提升中国三大球的竞技实力？……通过创设完整、更贴近现实的学习情境帮助学生全面地了解"探秘奥运"这一事件，从而将体育与其他学科的内容有机整合在一起。

(2) 学生的知识掌握水平与问题解决能力要有真实的进步

根据建构主义学习理论，当学习者根据已有知识主动建构新知识时，学习就发生了。因此要调查学生的已有知识经验，目的是找到学生现有水平与教学目标之间的差距，设计学习任务。考虑到同一班级内学生的学习水平有一定差距，为使不同层次的学生都能产生知识建构的过程，可设置难度水平层次较多的学习任务，使每位学生都能参与其中。在设计详细的学习任务时秉持小步子原则，每个任务在难度上、复杂程度上跨度不能太大。最后，如何才能确定学生有进步？为便于教师开展评价，可设置成果能落实为实物的驱动型任务，例如完成某项调查、设计一个作品、开展一项实验等。

6.2.3 融合性原则

跨学科主题学习正是打破单一学科的界限藩篱和"纵向知识"体系,开始关注两个或多个学科的多链交织。在多学科融合的"全科学习"场景中,实现跨学科的知识统整和横向知识的联结;在跨学科的知识统整和横向知识的联结中,促进综合化课程的建构和实施;通过综合化课程的建构和实施,真正促进学习者建构"跨学科"立场和应对复杂问题的能力。理想的体育与健康课程跨学科主题教学能够实现体育与其他学科知识的有机融合,发挥学科间的综合育人功能。如何实现学科间的有机融合?

（1）需理解体育与其他学科的区别

在研究对象上,体育教学以身体练习为主要手段,学生通过实际操作和运动实践来学习体育知识和技能。在空间特征方面,相较文化课堂以"静"为主的"内隐性"特征,体育课堂则是以"动"为主的"外显性"特征;在学习任务方面,相较于"单一性"的心理疲劳特征,体育课堂体现出身心俱疲的"双重性"特征;在学习压力方面,相较于"内在性"的学习任务压力,体育课堂具有"内外兼顾"的双重学习压力特征;在任务关系方面,体育学习明显的"生活性"特征,导致不同学生在同一任务上的学习起点差异明显;在人际关系方面,相较于"个体化"的文化课堂学习,体育课堂具有更加明显"社会性"的特征。

（2）体育与其他学科如何跨越学科边界实现有机融合

体育与健康课程跨学科主题教学应基于核心素养发展要求,在设计课程内容时,主动设立跨学科学习主题活动,加强学科间相互关联,带动课程综合化实施,强化实践性要求。体育教学要发挥体育的综合育人功能,跨学科融合教学是重要抓手。各学科均有自身的特色,相互之间又具有互通性,依靠体育学科知识实现立德树人的目标可能会导致知识窄化。因此,体育与其他学科之间融合进行跨学科教学时需先厘清与主题相关的地理、历史内容,再找到学科间的融合点,以实现有机整合。体育与健康课程跨学科主题教学除了需要整合学科间内容外,还需考虑如何通过教学培育学生的学科核心素养。体育与健康课程跨学科融合教学最终指向体育的育人目的,其在实施过程中是通过融合学科相关知识的运用,提高学生在体育课堂的学习效率和学习质量。

体育与健康课程跨学科主题教学中最重要的"跨"是跨学科核心素养，即以体育学科为主导的课程类型，在设计教学活动时要考虑：如何通过有限的学习任务既培育体育核心素养又兼顾其他学科核心素养，以实现学科素养的融合？通过与体育教师联合教研发现了体育与其他学科核心素养之间联系紧密，体育是德育和智育的基础，与美育和劳育等均有着千丝万缕的联系。在理解学科核心素养基础上，依据核心素养设置教学目标、设计学习任务、选择能够评价核心素养发展水平的教学评价方法，所有的设计环节都是紧紧环绕核心素养进行的。

6.2.4 整体性原则

体育与健康作为一门课程涉及体育、健康教育等学科知识的综合。

（1）在体育运动中言说知识与默会知识的综合运用

体育运动知识涉及不同类型的知识，包括用语言明确说明的事实性知识、原理性知识；难以用语言明确说明的知识，即默会知识，对特定动作、练习、活动的肌肉运动感觉，对动作周围环境的整体知觉。

（2）体育运动实践知识技能与健康教育知识技能的综合运用

在体育运动实践教学中渗透健康教育的相关知识与理论，在健康教育中结合体育锻炼方法与手段，取得体育与健康教育"一加一大于二"的教育成效。

（3）体育与健康教育和德育、智育、美育、劳动教育以及国防教育的有机结合

在跨学科主题教学和体育与健康课程教学中应关注教育的整体性，使体育与健康教育和德育、智育、美育、劳动教育以及国防教育等相互渗透、互相交织，成为统一的完整过程，从而促进学生全面发展。

在设计任何一堂课时，应该从课堂的整体出发，考虑各个部分内在要素的协调性以及如何统筹各方面才能使整体达到最优的效果。理论上，体育与健康课程跨学科主题教学模式的构建应基于体育课堂的整体，分为教学设计、教学实施和教学评价三个部分，依据一节课整体的教学目标去统筹教学过程以及教学评价部分。另外，在实施的过程中对教学设计进行不断的修改，从而达到最优化的结构和效果，形成一套最优化的教学方案。其中，加强课程内容整体设计是根据核心素养建构体育与健康融合，以及结构化构建课程内容的基本认知。课程内容整体设计意味着将外在于学生的体育与健康的客观知识和内化于学生的表现

有机融合，即明确体育与健康知识的方向与范围，明确指明学生学习中知识、技能、态度、情感等表现出来的行为变化。强调根据学生的身心发展规律和生命教育、生活教育特征，结合体育运动学习的体验性特点和健康教育的实用性特点，创设丰富多彩、具有实效的活动与情境，引导学生学练结构化的体育与健康知识和技能。

6.2.5 "学—练—赛—评"一体化原则

"学—练—赛—评"一体化原则指将评价贯穿教学的全过程，并用评价来指导教学过程。将过程性评价与总结性评价相结合，形成主体多元、方式多样的评价体系。目前，跨学科融合尚处于探索阶段，其他学科融入体育学科教学中的评价标准尚未明晰。因此，明确跨学科融合评价标准和评价方式是十分必要的。评价指标要重点关注学生核心素养的发展，要精准对接体育教学跨学科融合目标。评价方式要注重过程性评价与总结性评价，定性评价与定量评价相结合。评价方法可采用观察评价、等级评价、展示或比赛评价等，更加注重激励评价和反馈功能的应用。在体育课堂教学结束后，教师向学生发放由自评、互评和师评组成的"学习评价表"，学生依据评价内容来反思学习过程，并对学习过程中自己在每一环节的表现进行评价，最后由教师统一进行评价并总结每位学生的学习情况。由此将过程性评价和总结性评价相结合，能够较为全面地了解学生的阅读情况，发展学生的自我反思能力，并为改进教学提供依据。

体育与健康课程跨学科主题教学应注重"教会、勤练、常赛"理念的落实。落实"教会、勤练、常赛"意味着充分认识体育与健康课程是生命教育和生活教育的课程性质，以及操作性认知学习特征。强调学、练、用三位一体，学练结合，以练促学，以赛促练，学、练、赛有机结合，落实"教会、勤练、常赛"理念的实践指向，切实解决"教会"。提高学生对体育与健康学习的兴趣爱好，认识体育与健康的价值，懂得体育与健康的道理与学练方法，掌握体育与健康知识和技能，形成积极的体育与健康学习动机。引导学生主动积极"勤练"。强化课内外有机结合，通过练习提高、巩固所学的体育与健康知识技能，引导学生主动、积极参与到课内外体育与健康活动中。为学生创设经常性、教育性、全员性的体育比赛或展示，以及健康技能演示等。创设真实的体育与健康情境，让学生在解决真实的体育运动和健康生活问题过程中形成积极、丰富的体育与健康体验,创造美好、健康、充满人文关怀的生活。

6.3 模式构建

为帮助教师更好地开展体育与健康课程跨学科主题教学,基于以上构建依据,遵循《新课标》育人精神和理念,借鉴国内外体育与健康课程跨学科教学经验,拟沿着"确立主题→设定目标→关联学科→制定任务→创设情境→开展评价"路径,构建《新课标》下体育与健康课程跨学科主题教学模式。其中,教学主题注重生活场景中真实问题,教学目标紧扣体育核心素养,教学内容注重"大概念"统整,教学环境注重复杂运动情境创设,教学评价注重真实情境下的表现性评价,如图6-1所示。

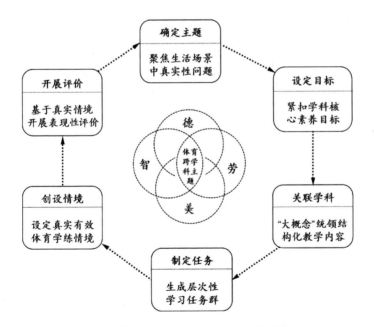

图6-1 体育与健康课程跨学科主题教学模式

1) 确定主题:聚焦生活场景中真实性问题

遴选好的主题是实施跨学科主题教学的前提,优质的跨学科教学主题通常具备超越单一学科内容的宽度、打破学科壁垒的非界限性、聚焦真实问题的情境性、符合生活实际的适切性等特征。体育与健康课程跨学科主题的选取应以体育学科为基础，整合两个或两个以上的学科知识、观念、方法，基于真实情境解决生活中的问题。换言之，为避免体育与健康课程跨学科主题教学选取泛化、偏离体育学科属性等问题，体育与健康课程跨学科教学主题选取应立足学科本位，尽可能选取单一学科知识难以解决的真实性问题。跨学科主题选取应做到：以体育与健康课程标准为基点，即以《新课标》中提出的基本运动技能和专项运动技能中的基础知识与基本技能、技战术运用、体能、展示或比赛、规则与裁判方法、观赏与评价为载体；充分联系学生现实生活，关注学生真实的发展需要，引导学生联系生活经验；同时，主题建构应考虑可操作性与可行性，聚焦本班、本校教学的现实条件，实现体育与其他学科知识的融通。

2）设定目标：紧扣体育核心素养发展主线

实践中，体育与健康课程跨学科主题教学目标设定存在泛化的误区，缺乏相对具体、可达成的教学目标设定程序。课程教学目标作为国家课程标准实施的载体，上接课程标准，下连体育教学，因此课程目标设定既要体现课程标准的精神和理念，又要结合体育与健康课程改革教学实际。在《新课标》背景下，体育与健康课程跨学科主题教学目标设定应立足学科本位，将目光瞄准"跨学科素养"生成点，体育学科核心素养在体育课程中居于基础地位，相关课程的核心素养发挥支撑性作用，最终达到跨学科主题教学目标的具体化。基本设定程序为：①提炼体育学科核心素养目标。教师应结合所教内容的特点，分别设定运动能力、健康行为、体育品德等核心素养课程目标。②联结和聚类相关学科核心素养。认真翻阅语文、历史、艺术、劳动教育等可能涉及的多门课程的核心素养目标表述，将跨学科主题教学活动所联结的各门课程的核心要素罗列出来，对其进行聚类。③进行具体跨学科教学目标制定。教学目标的制定最终围绕知识与技能目标、体能目标、情感品德目标的设定，充分融合其他学科核心素养的目标内容。

3）关联学科："大概念"统领结构化教学内容

实践中，如何设定体育与德育、智育、美育、劳动教育和国防教育相融合的教学内容，注重各学科教学内容的联结是亟须解决的问题。教育部在2018年1月印发的《普通高中课程方案（2017年版）》中明确提出："重视以学科大概念为核心,使课程内容结构化,以主题为引领,使课程内容情境化,促进学科核心素养的落实。""大概念"作为一种制度性表达出现在文件中,为核心素养的落实提供了清晰的解决方案。"大概念"是指那些能够将分散的知识、技能、观念等联结成为整体,并且赋予它们意义的概念、观念,有助于促进不同学科知识联结,加强学科间教学内容的深度融合。体育与健康课程跨学科主题教学应基于一个共同跨学科大概念进行学科间知识联结,通过绘制知识地图的方式将体育与其他各育知识关联,加强体育与其他学科知识点的联系,从而形成结构化的跨学科教学内容。跨学科结构化教学内容的生成应以主题活动涉及的核心概念为中心,突破单一学科思维方式,遵循"事实现象→具体概念→学科核心概念→跨学科概念"的逻辑进阶路径,从"纵向知识深挖"走向"横向知识联结"。

4)制定任务:围绕跨学科大概念组建学习任务群

学习进阶是基于经验证据,按照由低阶到高阶的复杂程度,对学科大概念的思维方式和学习路径所进行的序列化描述。体育与健康课程跨学科主题教学活动的实施需要将一个贯穿始终的核心问题拆分为若干子问题和核心任务,同时注重不同学习任务群之间的内在联系,基本步骤如下:

(1)提取关键概念

教师把跨学科大概念进一步分解和细化为关键概念,将关键概念贯穿于体育与健康课程跨学科主题教学全过程,为下阶段进阶任务的划分提供依据。

(2)设计相应进阶任务

根据关键概念掌握和应用的发展性和进阶性,设定若干个子主题进阶任务,保证教学任务活动设计具有关联性、逻辑性和层次性,并根据核心素养设定相应进阶目标。

(3)创设有效教学情境

在进阶性的学习任务中,教师侧重设计出多样化、进阶化、复杂性的系列情境活动,帮助学生在真实情境中理解跨学科主题学习的内容。

5)创设情境:设置真实有效体育学练情境

结构化,并不止于课程内容的结构化,更是将学生学习活动情境与课程内容结合起来,使得静态的内容动起来,从而帮助学生形成解决问题的能力。调研发现,实践中体育与健康课程跨学科主题教学情境创设存在"简单化"和"偏离化"

问题。例如,在进行"劳动最光荣"跨学科主题教学中,部分教学场景存在体育教学和劳动教育简单组合现象,将学生在体育活动中进行的简单劳动练习误认为是跨学科主题教学。试问:这是跨学科主题教学想要达到的效果吗?答案是不言而喻的。《新课标》中明确提出:"创设多种复杂的运动情境,根据学习目标、教学进度等引导学生在对抗练习、体育展示或比赛等真实、复杂的运动情境中获得丰富的运动体验和认知。"那么,体育与健康课程跨学科主题教学应根植于真实运动情境,可以按照"生活—问题—活动"顺序进行设计,从与日常生活联系较为密切的生活情境中确立教学主题,同时注重体育活动中相关问题情境的创设,最后基于真实运动场景进行教学活动设计。

6)开展评价:基于真实情境开展表现性评价

体育与健康课程跨学科主题教学评价应注重创设具有综合性、实践性和开放性的跨学科问题情境,结合跨学科主题学习目标对学生展开表现性评价,记录学生跨学科学习活动中的学习表现及学习成效,揭示学生所处的学习水平和层次,总结其在各类知识上的表现,并将其反馈给学生。表现性评价遵循循证教育理念,强调在尽量合乎真实的情境中,运用评分规则对学生完成复杂任务的过程表现或结果作出判断。由此,表现性评价在体育与健康课程跨学科主题教学中具有应用的适宜性,注重了体育与健康课程教、学、评的一致性,结合了体育课堂中真实运动场景,具有注重问题情境创设、关注学生的行为过程表现等优点,发挥了诊断、反馈、促改、决策等复合功能。体育与健康课程跨学科主题教学表现性评价程序的建立,应遵循明确教学目标、设置表现性任务、制定评价标准、编制评价量表、实施评价等流程。

结合前文对跨学科主题教学设计的论述,构建了体育与健康课程跨学科主题教学的模式。该模式包含确定主题、设定目标、关联学科、制定任务、创设情境、开展评价6个步骤,其中最重要、难度最大的步骤是确定主题,主题一旦确定之后,接下来的5个步骤将全部围绕主题展开。主题应承载体育学科的核心内容,连接体育学科的知识,围绕主题创设的情境应具备真实性,激发学生的学习行为,为了使学习真正产生效益,还应考虑主题学习是否贴合学生的真实水平。培育学生核心素养、提升学生解决复杂问题的能力是跨学科教学的根本目的,实际上无论任何教学方式最终目的都是如此,因此对课程进行设计时,教学目标、学习任务与教学评价等都应以核心素养为导向。跨学科教学的模式不是一成不变的，它需要教师在实践过程中不断改进。本书构建的体育与健康课程跨学科主题教学模式满足了以下特征：

（1）生成性特征

体育与健康课程跨学科主题教学模式的成形，是通过一系列反复练习加上实践经验而形成一种相对持久、稳定的动作活动方式，但根据不同任务情境，动作活动方式又需要及时生成的过程。学生通过不同的问题情境不断地尝试构建具有个性化特点的"行动—感知"，从而形成个体的自我组织模式，最后在结合任务要求、环境感知和身体能力等内外条件的基础之上，通过练习控制实现动作输出，达成行动的目的。掌握一般动作技能协调模式的学生，在面对不同情境时的临场操作水平和实际动作表现往往各有差异。为应对复杂多变的运动环境和动作任务而导致的同一动作表现上的差异，正是检验动作熟练程度的最佳方式。例如：围绕某一运动技能进行跨学科主题教学时，运动员会伴随情境的变化而不断产生变化。因此，体育与健康课程跨学科主题教学模式的构建，只有保持操作环境的开放性，使之处于非稳定的存在状态，才能激发体育教学的活力，从而实现非高度结构化的动作序列。在复杂的情境下灵活运用，需要保持运动技能的生成性，个体的动作协调才会向更有序的状态发展。

（2）情境性特征

在体育与健康课程跨学科主题教学时，根据学生现有的经验，教师必须设计相应的学习经历以及构成学习经历的多种情境，通过问题情境使学生在问题解决过程中扮演积极的角色。在问题情境的创设过程中，要能依据学生的不同特点而对学习内容进行个性化操作，使学生在技能、情感和认知过程中产生较好的反应，突出运动表现的高阶能力。此外，应赋予学生决策者的角色，使教师和学生共同参与课程设计与教学过程，引导学生通过不同情境来探索运动技能的动作协调模式，最终实现任务目标的"行动—感知"耦合的增强作用，使学生能够在比赛情境中达到灵活运用的目的。

（3）建构性特征

体育与健康课程跨学科主题教学模式的构建充分体现了以学生发展为中心的特征，要求建构情境递进、问题递进、运动技能结构化知识递进、反馈递进。教学不再局限于知识灌输,而是应该启发学生跨学科认识结构构建,让学生到真实环境中去感受、体验,通过建构性学习让学生个体达到对知识所反映事物的性质、规律以及该事物与其他事物间联系的深刻理解。体育与健康课程跨学科主题教学是通过行为驱动而不断上升的过程,而整个学习过程是通过行为而重塑能力的过程。

（4）适应性特征

以实现学生的高阶教育为目标,体育与健康课程跨学科主题教学构建需要具有高度的"适应性"。具体体现在以"个体—环境"塑造结构化约束框架,以帮助学生获取"行动—感知"动作协调能力。需要有选择地引入约束任务,该任务要适用于某一阶段的学生,使学生能够探索这些"个体—环境"的结构化任务框架。已有研究指出,使用约束操纵来影响学生的注意力或学习过程比传统方法(通常涉及明确的指令)具有更强大的效果。真实情境设置是结构化约束设计的关键元素,可以利用规则归纳开发真实比赛情境中高频、代表性事件的工作模型,来评估从运动技能真实比赛环境中收集的普通群体技能的表现数据。因此,形成具有适应性的"个人—环境"的任务约束对于旨在提高技能表现教学设计方面至关重要。在实践任务约束的设计中,突出了实际运动表现的行为,通过具有适应性的实践设计信息和运动的耦合来维持和支持任务目标。

（5）循环性特征

教学设计的本质是以教师为引导者、以学生为课堂主体和参与者的闭式反馈教学循环,即学生对先前知识做出反思,有针对性地进行反馈和修正,当效果没有达到预期时可重复这一过程。这种策略可以更好地提升学生认知维度的教育目标。另外,每次情境教学后的及时反馈,对动作的学习和完善起着重要的调节作用,在"设计情境化—行动—反思—再设计—再行动—再反思"的迭代循环教学活动过程中寻找最佳的问题解决方案,了解学生如何看待自己的表现,了解在目标、内容和方法方面所做的教学决策是否产生了预期效果,以规划接下来的教学。

7 体育与健康课程跨学科主题教学模式应用

7.1 教学案例

实践是检验教学理论有效性和可行性的最佳方式，教学案例的生成则是验证教学模式成效的重要途径。江苏扬州市文峰小学以此教学模式为行动框架，在"水平三耐久跑"学习单元中积极开展"校园定向赛·烟花三月下扬州"主题教学活动，旨在让学生熟悉识图定向的方法，了解扬州的地理、历史等相关知识，提升耐久跑身体素质。该教学案例获得江苏省中小学优质课比赛一等奖。

"校园定向赛·烟花三月下扬州"

1）指导思想

本单元以《新课标》理念为依据，牢固树立"健康第一"的指导思想，以"立德树人"为根本任务，以培养学生核心素养为目标，关注学生学习方式的转变，落实"教会、勤练、常赛"要求，注重"学、练、赛"一体化教学，密切联系生活，关注学生需要。在教师主导作用下，突出学生主体地位，打破学科壁垒，连接多学科知识，充分发挥全学科教研和育人优势，开展跨学科主题学习。结合扬州历史悠久的人文景观，寻找"烟花三月下扬州"背后与体育相关的知识，深度挖掘扬州传统文化底蕴和家国情怀。

2）学情分析

五年级学生活泼好动，喜欢展示自我，学习兴趣较高，对趣味性的运动有着浓厚的兴趣，学习欲望非常强，具备了一定的自学、自练能力，能在教师的引导下，从学练中发现问题、解决问题。虽然经过四年的学习储备了一定的田径运动知识,掌握了一些跑的技能,但依然对枯燥的耐久跑学习兴趣不高。为此,本单元的教学采用跨学科主题学习的方式,将数学、科学、语文、音乐、地理、人文等学科知识融入教学,在教学过程中拓展学生的思维,培养学生的独立性和自主性,激发学生的学习兴趣,在促进体能发展的同时关注智育的培养。通过欢快的练习氛围、多样的练习形式和问题化的练习手段,融合挑战和竞赛,激励学生拓展课堂教学。学练中以激励性的语言鼓励学生,帮助学生树立自信心,培养学生意志品质,提高学生耐久跑水平,促进学生身心健康成长。

3) 教材分析

耐久跑源于生活,参与广泛,健身价值强。通过耐久跑,结合自然的拓展跑、定向越野跑、趣味化跑的练习以及生活化的拓展实践活动,融合多元化的学科知识,整体化进行"品味扬州"的设计,发展学生耐力、灵敏、思维等能力。同时培养学生适应自然环境的能力,在游戏和竞赛中培养学生遵守规则、团结合作,敢于竞争、不怕困难、坚持到底的精神,在跨学科融合教学中传承传统文化和培养家国情怀。

4) 学习目标

(1) 通过综合运用信息技术、语文、科学、音乐、数学、英语、体育与健康等知识感受扬州文化的博大精深。

(2) 通过任务挑战,有效提升耐久跑等运动能力,发展肌肉力量、心肺耐力等身体机能,掌握识别地图与增强体能的方法。在合作中养成互帮互助、自主学习的意识,有效提升核心素养。

(3) 用中华优秀文化培根铸魂,弘扬扬州文化,坚定文化自信自强。从扬州文化中,获得积极生活的启迪,形成良好的学习态度,领悟扬州文化丰富的内涵。

5) 教学策略

在学习过程中合理运用数学、科学、语文、历史、音乐等学科知识完成各种练习,通过跨学科知识的合理运用发展体能,掌握耐久跑技术,学生的学习方式由被动学习转变为主动探究,实践能力得到提高。学生学练方式注重情境化教学方式的应用,通过游戏情境、问题探究激发学生参与体育运动的兴趣,激发学生体育学习的积极性。学生的个性、创造能力在学练过程中得到充分的发展,学生的动手能力、语言表达能力得到进一步加强。通过跨学科知识的运用,让学生多角度、多层次地了解了扬州文化,使其身心得到全面发展,并以此进一步推荐了扬州,吸引更多的朋友来到扬州,感受扬州城市的魅力。

6) 教学单元计划

本单元分为烟花三月扬州"知"、烟花三月扬州"游"、烟花三月扬州"秀"、烟花三月扬州"工"、烟花三月扬州"赛"5个学习任务,共16个课时(共8个课次,每个课次2课时),从地理位置、自然环境、历史文化、人文建筑、民间工艺、非遗项目等方面全面了解历史文化名城扬州,详见表7-1。

表7-1 "校园定向赛·烟花三月下扬州"教学单元

课次	学习任务	跨学科知识	学生活动	教师组织	活动意图
1	烟花三月扬州"知"——学练识图定向了解扬州的地理、历史等相关知识,初步熟悉识图定向的方法,在走跑交替中掌握呼吸节奏的变化	科学(认识地图)历史(扬州建城史)数学(辨方向、比例尺)	1. 课前自主查找和扬州相关的地理、历史等知识 2. 走跑交替中体验呼吸节奏的变化,初步掌握跑动中正确的呼吸节奏,建立耐久跑的概念 3. 跟随教师,合理运用跨学科知识分组进行识图定向学练 4. 积极参加各种走跑练习,在练习中学会与同伴合作	1. 引导学生在课前查找资料,熟悉扬州的相关知识 2. 组织指导学生进行走跑交替的练习,引导学生掌握正确的呼吸方法 3. 组织学生进行各种不同形式的走跑练习,帮助学生建立识图定向的基本概念 4. 练习中积极鼓励学生进行合作练习,关注合作精神的培养	激发学生对扬州地理、历史知识学习的兴趣,让学生能更好地了解扬州、认识扬州,在获得中不断成长,充盈自己
2 3	烟花三月扬州"游"——学练耐久跑 了解扬州著名景点、古诗词文化等相关知识,掌握耐久跑正确的身体姿态,跑动中呼吸与跑步节奏相配合,提高心肺耐力水平	音乐(韵律)数学(方位、计算、统计)语文(古诗词意境感悟)科学(地图、指北针的运用)	1. 了解扬州著名景点、古诗词文化,感受扬州城市的文明 2. 了解耐久跑的技术要领,耐久跑中能保持良好的身体姿态与呼吸节奏,在各种趣味练习中提高对耐久跑的兴趣	1. 引入扬州古诗词文化,借助古诗词的韵律美引导学生掌握古诗词呼吸法 2. 指导学生学练耐久跑动作技术,在耐久跑过程中学会调整呼吸节奏,关注个体差异 3. 引导学生学会合理运用跨学科知识完成学练中的任务,提升学生核心素养 4. 指导学生进行讨论,讨论中引导学生学会沟通	通过跨学科知识的运用,更好地让学生多角度了解扬州文化,感受古诗词之美,传承中华民族优秀的传统文化,增强学生的文化自信,使其身心得到全面发展

（续表）

课次	学习任务	跨学科知识	学生活动	教师组织	活动意图
4	烟花三月扬州"秀"——学练定向运动 了解扬州历史古镇、地质公园等相关知识，模拟定向越野赛，打卡扬州历史古镇和地质公园	科学（认识地图） 历史（扬州古镇） 地理（地质构造）	1. 学习定向运动基本规则，明白定向地图上不同符号的含义 2. 积极参与定向小游戏 3. 学会定向路线的规划，完成基础定向练习 4. 模拟定向越野，打卡扬州历史古镇和地质公园 5. 遵守定向规则，建立规则意识	1. 导入扬州历史古镇及地质公园 2. 指导学生学习简单的定向地图，并能根据不同的路线跑动 3. 介绍定向运动中各种不同障碍的通过方法 4. 讲解定向比赛的规则与意义，分小组组织学生进行通关比赛 5. 比赛中及时给予评价，提示学生遵守比赛规则，避免运动受伤	历史古镇、地质公园是扬州文化的重要组成部分，是一种独特的历史资源，学生在认识中学会对其保护和利用
5 6	烟花三月扬州"工"——校园定向赛 了解扬州民间工艺、非遗项目等知识，进行校园定向，标记校园定向，打卡点展示工艺品、非遗项目	人文（民间工艺、非遗） 科学（地图） 数学（方位） 英语	1. 了解扬州地区民间工艺和非遗项目 2. 学习定向运动中打卡器的使用步骤 3. 定向游戏中熟悉打卡器的使用 4. 校园定向，定向地图上标记打卡点展示的工艺品、非遗项目	1. 介绍扬州地区著名的民间工艺（玉雕、漆器、雕版印刷、剪纸、古琴等） 2. 介绍定向运动中打卡器的使用 3. 组织学生熟悉打卡器的使用 4. 组织学生进行校园定向赛，收集打卡点工艺品、非遗项目印章	民间工艺、非遗项目是对扬州历史文化的传承，能激发学生对扬州的亲切感，从而积极主动地推荐扬州民间工艺、非遗项目
7 —— 8	烟花三月扬州"赛"——扬州小小马拉松 了解马拉松运动，对扬州马拉松的影响力有一定的认识，在小小马拉松中合理运用耐久跑技术，提升耐力水平	人文（文化遗产） 数学（计算） 地理（路线规划） 英语	1. 了解马拉松比赛规则，对扬州马拉松有全面的认识 2. 热身游戏，马拉松前要充分热身 3. 参与设计布置扬州小小马拉松赛道 4. 积极参与比赛，合理运用各种不同形式的跑（跟随跑、变速跑、节奏跑等）完成比赛 5. 练习中学会坚持，培养意志品质	1. 从扬州马拉松介绍马拉松文化与马拉松比赛规则 2. 组织学生进行马拉松前的充分热身，避免受伤 3. 指导学生设计布置小小马拉松赛道 4. 组织学生进行小小马拉松赛，引导学生选择合理的跑的形式完成比赛 5. 比赛中关注个体差异，在安全的前提下鼓励学生学会坚持	激发学生对马拉松运动的热情，让更多的学生体验扬州马拉松的精彩，为扬州马拉松吸引更多的参与者

7.2 教学实践

为进一步探究体育与健康课程跨学科主题教学模式在提升学生核心素养方面的作用，发现其中存在的问题并进行优化，依据此教学模式设计了"校园定向赛·烟花三月下扬州"教学活动框架。结合整体教学进度和现实情况，在实际的项目探索过程中分了5个阶段进行。

1）明确教学主题，确立跨学科主题教学目标

教学主题是课堂教学的中心内容。教师在课堂中围绕一个综合性的核心问题（教学主题），引导学生学习、讨论、分析。扬州市文峰小学立足于发展学生体育与健康学科核心素养的目标要求，围绕小学阶段体育与健康课程内容及学生学习的特点，在"水平三耐久跑"学习单元中以"校园定向赛·烟花三月下扬州"为主题开展跨学科教学活动。活动内容以耐久跑定向运动为知识线索，结合扬州历史悠久的人文景观，将耐久跑练习与科学知识（认识地图）、数学（辨方向、比例尺）、语文（古诗词意境感悟）、地理（路线规划）等结合起来，深度挖掘扬州的文化底蕴，重点解决定向跑中识图定向、体能耐力等问题，培养学生的体育与健康、地理、语文等核心素养。"校园定向赛·烟花三月下扬州"主题教学目标的设定采用知识与技能、体能、情感态度三维目标表述方式。知识与技能目标重在突出学生对定向运动、扬州城市文化的理解，综合运用信息技术、语文、地理、数学、科学等知识感受扬州文化的丰富内涵；技能目标重在突出学生定向能力和熟悉定向环境的能力；体能目标重在凸出耐久跑过程中发展学生肌肉力量、心肺耐力等身体素质；情感态度目标重在突出学生参与跨学科学习的态度表现，培养学生耐久跑意志品质，增强学生互帮互助意识。跨学科主题教学目标确定后，教师将教学目标告知学生，从而有的放矢地开展教学活动，进一步评价学生的教学目标达成情况。

2）关联学科知识，生成结构化跨学科教学内容

当跨学科主题教学目标确定后，体育教师应以主题活动涉及的核心概念为中心，将与核心概念相关的学科知识进行联系，搭建相应的跨学科知识网络，从而形成结构化的教学内容。结构化教学内容生成程序通常从日常概念逐步深入跨学科大概念，从而不断丰富跨学科知识结构。换言之，体育教师应知道哪些跨学科知识在主题活动中可以使用，并逐步建立各学科知识的联结点，使分散的学科知识形成结构化教学内容。"校园定向赛·烟花三月下扬州"主题教学活动以体育核心素养目标为导向，联结了体育、地理、语文、历史、数学等学科知识，通过大概念生成结构化跨学科教学内容。如图7-1所示，师生基于共同主题"校园定向赛·烟花三月下扬州"，以体育学科核心素养中耐力素质为基点，分别围绕"校园定向赛设计""烟花三月下扬州"两个核心概念，联结地理、语文、数学等学科知识搭建跨学科知识网络，生成教学活动中涉及的体育、地理、数学等一级学科概念，之后在学科交叉的基础上生成二级跨学科大概念，分别为：校园地图是定向赛设计的重要工具、耐久跑过程中打卡扬州景点感受城市文明、耐久跑过程中联结古诗词与扬州景点品味城市文化、校园定向赛通过游览扬州景点和校园马拉松等多样化方式呈现四个二级跨学科大概念，最终生成三级跨学科大概念——体育与扬州城市文明建设和谐共生。依据跨学科大概念生成的结构化教学内容促进了体育和其他学科知识的联结，帮助学生在真实的问题情境中产生生活化的体验。

3）设定进阶任务，创设真实有效体育学练情景

体育与健康课程跨学科主题教学大概念确定之后，需要围绕跨学科大概念层层递进地进行结构化教学，那么构建学习任务群就尤为必要。"校园定向赛·烟花三月下扬州"这一主题下设定的进阶任务主要有四项：一是"知扬州"，即制作校园定向地图，规划考察路线。教师带领学生制作简易的定向地图，熟悉定向地图的基本路线和比例，进行地图和实地对照，清楚了解自己所处的位置。二是"寻扬州"，即校园定向中了解扬州景点。学生根据任务单以小组为单位（平均分成6组，每组6人），运用数学（方位）和科学（使用指南针）知识，按照校园定向地图在跑动中将扬州景点摆放在正确的位置。三是"品扬州"，即校园定向中品味诗词意境。学生按照体能分组，进行"品"扬州的耐久跑游戏，同时运用语文知识品味古诗词意境，在跑动中将古诗词与扬州景点相匹配。四是"游扬州"，开展校园定向比赛。教师采用定时的方法，按照学生体能分组进行耐久跑游戏，在"游"的过程中运用领头跑游戏随机跑向景点，每到一个景点提取一枚印章贴在任务板上。体育与健康课程跨学科主题学习是基于学科课程融合的视角，以跨学科

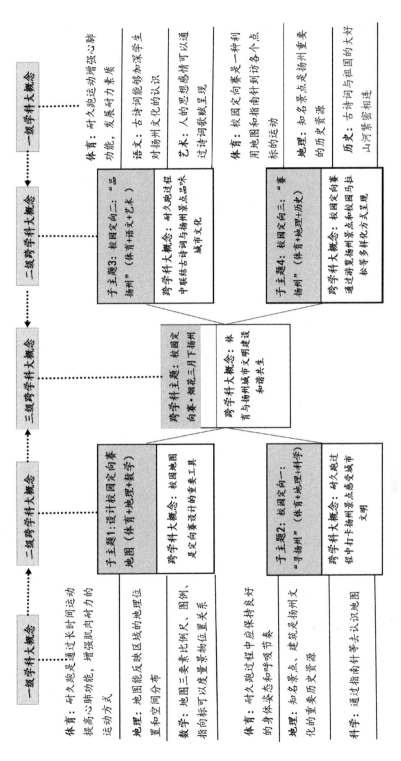

图 7-1 "校园定向赛·烟花三月下扬州"跨学科主题教学的大概念生成

主题情境培养学生的综合能力。教师通过设计具有连贯性、递进性和拓展性的进阶任务,注重学生在真实运动情境中的体验,帮助学生加深对"大概念"的理解,从而达成体育课堂深度学习,详见图7-2。

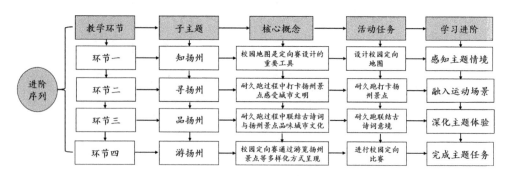

图7-2 体育与健康课程跨学科主题教学的任务进阶序列

4）紧扣核心素养,开展体育与健康课程表现性评价

《新课标》强调针对不同的跨学科学习内容,师生共同制定基于学科核心素养的评价工具手段,如基本运动能力等级标准、体育知识评价量表等,从而用于学生自我诊断、组间评价以及教师的评价反馈。表现性评价量规是兼具表现性评价维度和评价标准的重要评分工具,能够真实地反映体育课堂教学质量。具体设计步骤如下：创建评价目标的概念框架；确定表现维度、表现等级；基于具体的表现性任务撰写描述,形成完整评分量规；使用评分量规,修订量规术语以保证规范性等。"校园定向赛·烟花三月下扬州"主题下的教学活动表现性评价遵循"教学评"一体化理念,分别从教学设计、教学实施、教学评价三大维度展开评价,每个评价维度细化出若干关键指标和评价内容,通过每个关键指标的详细描述给出评定等级,评价主体为教师和学生,具体见表7-2。

表7-2 "校园定向赛·烟花三月下扬州"主题活动表现性评价框架

评价维度		主要观察点	评价内容	优秀	良好	一般	加油
一级维度	二级维度						
教学设计	教学主题设定	生活场景	教学主题聚焦生活中的真实问题				
	教学目标确立	核心素养	紧扣体育学科核心素养发展主线				
	教学活动策划	完整体验	教学活动策划注重学生完整体验				
	……	……	……				

（续表）

评价维度		主要观察点	评价内容	优秀	良好	一般	加油
一级维度	二级维度						
教学实施	教学任务	任务衔接	教学任务群设置具有相应进阶性				
	教学内容	结构化	教学内容注重跨学科知识的联结				
	教学方法	自主学习	教学方法注重自主、问题探究等				
	教学情境	真实情境	教学情境设置注重生活情境创设				
	……	……	……				
教学评价	核心素养目标	目标达成	设定的核心素养目标达成度较好				
	跨学科知识	知识生成	学生能够熟练地掌握跨学科知识				
	……	……	……				

5）展开教学反思，改进体育课堂教学效果

教研成果展示和实践性反思，有助于教师加深对各学科思想、原理和概念的理解，其本质在于通过教学主题确立、学科概念撷取、跨学科概念抽取以及教学活动方的迭代完善等系列研讨活动，提升教师应用多学科知识与技能综合地解决复杂教学问题的能力。"校园定向赛·烟花三月下扬州"教学案例以解决真实情境中的问题为出发点，教学内容强调"大概念"统整，注重结构化的生成，教学任务设计强调连贯性、进阶性和拓展性，教学情境注重学生真实生活体验，是《新课标》背景下体育与健康课程跨学科主题教学设计与实施的有效尝试。在教学活动实施过程中，不仅要求学生掌握定向运动知识，同时要求学生掌握地理、语文、数学、科学、美术等跨学科知识，强调将这些知识融入学生的运动场景中，一定程度上有助于学生高阶思维的生成。在教学反思中，教师们认为：分析"校园定向赛·烟花三月下扬州"主题活动表现性评价结果，以及教学中存在的问题，有助于形成有的放矢的改进建议，促进该主题教学活动的持续优化。在具体的教学实践中，确立有效的教学主题，建立体育与其他学科知识联结点是此项教学活动取得成效的关键。后期应善于设计真实的运动场景，建立体育与其他学科核心素养耦合的契合点。

7.3 教学效果

7.3.1 表现性评价分析

1）表现性评价量规标准制定

表现性评定是一种新型直接考核学生的方法，表现性评价考核学生面对真实问题时的表现，评价学生在完成某项特定任务时表现出的真实水平。它注重考查学生高阶思维能力和综合解决实际问题的能力，在激发学生的学习动机以及优化教学过程方面有显著作用。表现性评价还具有双重身份，既可以作为一项评价，又可以作为学生真实学习的各种活动记录。由此可知，表现性评价契合体育与健康跨学科主题教学的评价方式，能够有效检测出学生是否真正掌握了运动知识与技能，能否有效地运用所学的多学科知识与技能。表现性评价量规是罗列表现性评价维度和评价标准的重要评分工具。通过表现性评价量规，评价者可以深入了解被评价者是否具备完成相关任务的综合能力，很大程度上提高了教学评价的科学性。

表现性评价量规的表现形式是一个三维表，主要由表现维度、表现等级、描述符以及表现样例构成。本书在开发步骤层面，整合了祝智庭提出的评价量规设计步骤，具体分为：创建评价目标的概念框架；确定表现维度、表现等级；基于具体的表现性任务撰写描述，形成完整评分量规；使用评分量规，修订量规术语以保证规范性。本书的评价量规以二维表的形式呈现，包含表现维度、表现等级和描述符。表现维度指的是表现性评价所涉及的各个能力点；表现等级分为优秀、良好、一般和待改进四个等级；描述符是用语言描述的、可以达到某一等级水平的行为表现。基于文献梳理和德尔菲法，采用两轮德尔菲法对表现性评价量规模型进行修订与论证。表现性评价量规从教学设计、教学实施、教学评价三个维度衡量跨学科主题教学的质量。教学设计包括教学主题设定、教学目标确立、教学活动策划等指标。教学实施包括教学任务、教学内容、教学方法、教学情境等指标。教学评价包括跨学科教学素养的达成、教学知识生成等指标。将每个指标的评分换算标准进行量化打分，共有3、2、1、0四个等级。最终，汇总三个维度得分以确定教学材料所属等级,并对课时或单元设计提出总结性建议,详见表 7-3。

表 7-3　体育与健康课程跨学科主题教学表现性评价量规

评价维度		主要观察点	评价内容	优秀	良好	一般	改进
一级维度	二级维度						
教学设计	教学主题设定	生活场景	教学主题聚焦生活中的真实问题				
	教学目标确立	核心素养	紧扣体育学科核心素养发展主线				
	教学活动策划	完整体验	教学活动策划注重学生完整体验				
教学实施	教学任务	任务衔接	教学任务群设置具有相应进阶性				
	教学内容	结构化	教学内容注重跨学科知识的联结				
	教学方法	自主学习	教学方法注重自主、问题探究等				
	教学情境	真实情境	教学情境设置注重生活情境创设				
教学评价	核心素养目标	目标达成	设定的核心素养目标达成度较好				
	跨学科知识	知识生成	学生能够熟练地掌握跨学科知识				
	跨学科态度	参与态度	学生参与跨学科教学积极性较高				

2）表现性评价结果分析

采用表现性评价量规,对"校园定向赛·烟花三月下扬州"跨学科教学案例进行评价。经测评,该案例所属等级为"良好"。整体而言,教学设计维度采用项目式教学的方式,紧扣体育与健康课程核心素养目标要求。教学实施维度以"大概念"思维注重了结构化跨学科教学内容的组建,促进了跨学科知识的生成。教学主题设定、教学目标确立、教学活动策划等观测点评分分别为良好,教学方法和知识生成目标观测点得分分别为合格,详见表 7-4。

表 7-4　"校园定向赛·烟花三月下扬州"跨学科教学得分情况

任务 1	观测点	得分	任务 2	观测点	得分	任务 3	观测点	得分
教学设计	教学主题设定	良好	教学实施	教学任务	良好	教学评价	目标达成	良好
	教学目标确立	良好		教学内容	良好		知识生成	合格
	教学活动策划	良好		教学方法	合格		参与态度	良好
				教学情境	良好			

（续表）

任务1	观测点	得分	任务2	观测点	得分	任务3	观测点	得分
类别分数	所有观测点达到良好			有三条观测点达到良好			有两条观测点良好		
最终评级	良好							

由表 7-4 可知,"校园定向赛·烟花三月下扬州"教学案例实施效果良好,但仍然存在较大提升空间,建议在体育与健康课程跨学科主题教学培训中融入知识整合方面的内容,加大复杂运动情境的融入,进一步提升体育教师跨学科执教素养。

7.3.2 结果性评价分析

1) 评价指标体系的确定

确定体育与健康课程跨学科主题教学效果指标体系,采用经验选择法和德尔菲法(专家咨询法)的方式。经验选择法是在文献阅读、专家访问和经验借鉴的基础上,从能够反映体育与健康课程跨学科主题教学效果指标入手,按照"理论依据构建—指标确定—方案操作"的程序,初步确定评估指标体系。接着,专家根据自身知识和经验对指标进行筛选,删除一些不能客观、有效反映体育与健康课程跨学科主题教学改革效果的指标,最后保留客观、有效的指标。

学科核心素养是体育课程与教学改革的教育理念。国务院办公厅于 2016 年下发的《关于强化学校体育促进学生身心健康全面发展的意见》中,明确将"全面提高学生体育素养"作为强化学校体育的基本原则。体育与健康课程跨学科主题教学改革遵循了《新课标》中提出的学科素养目标要求,因此本书里的效果评估指标体系主要以《新课标》中提出的学科素养为依据,结合跨学科主题教学特点,以体育课程改革效果评估的相关文献为支撑。学科核心素养是体育与健康课程跨学科主题教学效果评估指标的重要依据,其适切性在于：体育与健康课程跨学科主题教学培养自身学科的核心素养,落实"立德树人"的根本任务是国家教育的理念导向,遵循了时代需求,与国家学科素养目标相吻合。体育回归教育、以体育人即是体育学科素养重要培养目标,也是体育与健康课程跨学科主题教学改革需要完成的重要任务。为进一步确定评估指标体系的科学性、实践性、可操作性，确保评估指标制定的有效性，本书通过专家咨询和论证的方式，对评估指标进行了筛选、优化，专家由长期从事学校体育的专家教授、教研员和一线教师组成，具体见表7-5。

表7-5 专家咨询情况一览表（$n=9$）

序号	姓名	单位	职务/职称
1	QX	江苏省教委	教研员
2	ZDS	南京体育学院	教授/博导
3	TY	上海体育大学	教授/博导
4	DCX	华东师范大学	教授/博导
5	XTY	南京师范大学	教授/博导
6	ZZH	安徽师范大学	教授
7	TL	江苏师范大学	教授
8	LL	南京市鼓楼区教委	教研员
9	CYJ	南京市浦口区教委	教研员

经过两轮专家咨询后，评估指标体系的确定达成了较为一致的意见。第一轮专家咨询的主要任务是：请专家对一至二级指标进行筛选、打分。第二轮咨询问卷采用封闭式形式，主要任务是：反馈第一轮专家咨询的结果，再进行一次指标筛选。专家指标咨询问卷的发放主要通过电子邮件方式。第一轮、第二轮专家问卷的回收率均为100%。最终，评估指标体系初步确定4个测评指标，分别是基本运动技能、课堂身体活动、体育情境兴趣、期望价值，具体见表7-6。

表7-6 教学效果评估指标内容、调查意向及数据来源

测评指标	指标内容	调查意向	数据获取来源
基本运动技能	学生基本运动技能掌握情况	了解跨学科主题教学案例对学生基本运动能力达成情况	问卷、访谈调查，采用《青少年基本运动技能等级标准》对学生跑步、双脚跳、侧滑步、跑跳步和上手投掷进行测试

(续表)

测评指标	指标内容	调查意向	数据获取来源
课堂身体活动	学生课堂练习的静态、低强度、中高强度时间所占整堂课比例	了解跨学科主题教学案例对学生课堂身体活动水平达成情况	采用 ActiGraph GT3X + 三轴加速度计对学生进行测试
体育情境兴趣	学生体育学习兴趣培养情况	了解跨学科主题教学案例对学生体育情境兴趣的培养情况	采用"体育情境兴趣量表"对学生进行测试
期望价值	学生在体育课中的成就动机和任务价值	了解跨学科主题教学对学生期望信念、获取价值、内部价值、效用价值达成情况	采用"期望价值量表"对学生进行测试

2）数据评价效果分析

（1）实验班与对照班的基本运动技能得分情况

基本运动技能对儿童青少年的身体、心理和社会能力的发展都具有重要影响，而且基本运动技能可能是发展儿童青少年积极生活方式的一个非常重要的因素。参照《新课标》的水平一1、2年级教学内容要求，以及基于6至7岁儿童的身心发展特征，经体育教研组研讨后，选取跑步、双脚跳、侧滑步、跑跳步、上手投掷等5项基本运动技能，具体见表7-7。

表7-7 实验组与对照组实验后基本运动技能得分

技能	实验组	对照组	t/z	P
跑步	6.45±0.90	6.50±0.74	−0.05	0.95
双脚跳	5.03±1.58	3.85±1.13	−3.45	0.00
侧滑步	6.71±0.56	6.73±0.34	−2.78	0.03
跑跳步	3.68±1.29	3.05±1.39	−3.02	0.00
上手投掷	4.83±1.05	3.33±1.22	−5.01	0.02

注：$P>0.05$，无显著性差异。

由表7-7所示，为了测评跨学科主题教学案例对儿童基本运动技能学习效果的影响，采用曼-惠特尼U检验比较实验组与对照组儿童实验后基本运动技能的得分差异。实验组双脚跳、侧滑步、跑跳步、上手投掷四项基本运动技能得分显著高于对照组($P<0.05$),呈现显著性差异;实验组跑步得分低于对照组,未呈现显著性差异($P>0.05$)。

基本运动技能不仅是发展专项运动技能的基石,更是助力儿童青少年养成良好体育活动习惯,促进儿童青少身心健康发展的基础。然而,现有研究表明,国内外儿童的基本运动技能发展水平普遍较低,常规体育教学促进儿童基本运动技能发展的效果不佳。本书通过跨学科主题教学案例探讨其对儿童基本运动技能发展的影响,并与传统体育教学模式进行对比。研究发现,跨学科主题教学不仅能有效提升儿童的位移与总体基本运动技能水平,而且干预效果显著优于传统体育教学模式。究其原因,体育课程跨学科主题教学通过调控任务与环境等因素为儿童提供多种适宜动作任务与指导的同时,也为儿童创造了更加自主、进阶、开放的学习情境,以及完整的学练赛体验。大量跨学科主题教学案例已被证实,跨学科主题教学实践活动是促进儿童基本运动技能干预的重要手段。

(2) 实验组与对照组的体育情境兴趣得分情况

情境兴趣是指活动或学习任务的特征对个体产生吸引力,从而激发个体形成的一种即时性、积极的心理状态,包括注意力、挑战性、探索性、愉悦感、新颖性五个维度。采用"小学体育情境兴趣量表"对两个班级的学生进行测试,采用独立样本 T 检验对两个班级的情境兴趣得分进行分析,得出结果见表 7-8。

表 7-8 实验组与对照组实验后的情境兴趣得分情况

情境兴趣维度	组别	人数	M[①]	S[②]	T[③]	P[④]
注意力	对照组	35	2.23	0.63	0.17	0.84
	实验组	32	2.26	0.39		
挑战性	对照组	35	0.86	0.65	2.87	0.00
	实验组	33	1.30	0.56		
探索性	对照组	35	1.26	0.58	8.72	0.00
	实验组	33	2.12	0.37		
愉悦感	对照组	33	2.52	0.56	0.85	0.24
	实验组	32	2.76	0.62		

(续表)

情境兴趣维度	组别	人数	$M^①$	$S^②$	$T^③$	$P^④$
新颖性	对照组	35	1.76	0.83	5.89	0.00
	实验组	32	2.68	0.48		

注：① M 为平均值。② S 为标准差。③ T 为 T 检验值。④ $P>0.05$，无显著性差异。

由表 7-8 可知，对照组与实验组的学生在体育课中的挑战性、探索性和新颖性三方面出现了极显著的差异（$P<0.01$），在注意力和愉悦感两方面没有出现显著性差异。虽然有两个方面在统计学上并没有出现显著性差异，但实验组学生在情境兴趣五个维度的均值却都高于对照组学生，说明实验组学生的总体情境兴趣要高于对照组学生。可见，体育与健康课程跨学科主题教学在促进学生情境兴趣方面起到了积极的作用。

根据学生的访谈结果，出现上述结果原因有以下几点：

① 体育与健康课程跨学科主题教学注重以认知任务为主的教学理念，让学生带着问题进入体育课堂，鼓励学生在运动中思考，以问题导向激发了学生的学习欲望。体育与健康课程跨学科主题教学对学生的挑战性起了作用，实验组学生的挑战来自对新知识的学习和认知任务的探索，而对照组学生的挑战性来自体育项目练习。

② 体育与健康课程跨学科主题教学不再以传统的"可观察和可测量"的行为主义为学习理论取向，而是通过将跨学科知识寓于身体练习中，希望通过认知改变和知识增长，促进学生健康习惯的养成。这种把其他学科知识融入身体练习中的学习方式发挥了学生的自主探索性。反观对照组的教学方法是以讲解＋指导，学生的学习方式则是模仿＋练习为主，体育课堂基本都是重复的技能练习，很少提供给学生自主探索的机会。

③ 体育与健康课程跨学科主题教学在新颖性方面更是具有鲜明的特点。首先，体育与健康课程跨学科主题教学非常注重游戏比赛的设计，体育课中的游戏大多数来源于实际生活，满足了小学生好玩的性格特征。其次，学生在体育课上都是充当"小科学家"的角色，学生在运动的同时了解其他学科知识。这种以前只在科学课中才出现的场景被运用到体育课堂，极大地激发了学生的好奇心

和学习欲望。除此之外,多站式的循环参与让学生每节课都能参与不同的身体练习,改变了传统体育课一节课只练一个技能的方式,让学生觉得体育课更加新颖。体育与健康课程跨学科主题教学在挑战性、探索性和新颖性三个方面发挥了积极的作用,但在注意力和愉悦感两个方面,实验组和对照组并没有出现显著性差异。出现这种结果的原因可能是实验组和对照组教师执教能力不足,教师在教学过程中对教学时间的管理、教学组织的调动和学生的交流互动缺乏技巧,这可能在一定程度上降低了学生的愉悦感和注意力。

(3) 实验组与对照组在实验后的期望价值结果比较

期望价值主要反映学生在体育课中的期望信念和任务价值两个方面,其中任务价值包括对体育课重要性价值(获取价值)的认识、对体育课趣味性价值(内部价值)的认识、对体育课有用性价值(效用价值)的认识以及体育课中削弱学生动机的因素(任务代价与抉择),具体见表 7-9。

表 7-9 实验组与对照组实验后的期望价值得分情况

期望价值	组别	人数	M[①]	S[②]	T[③]	P[④]
期望信念	对照组	34	3.45	0.76	2.88	0.005
	实验组	33	3.90	0.63		
获取价值	对照组	34	3.79	0.85	2.52	0.014
	实验组	33	4.28	0.73		
内部价值	对照组	34	3.82	0.73	3.78	0.000
	实验组	33	4.48	0.69		
效用价值	对照组	34	3.38	0.90	3.44	0.001
	实验组	33	4.12	0.84		

注:① M 为平均值。② S 为标准差。③ T 为 T 检验值。④ $P > 0.05$,无显著性差异。

由表 7-9 可知,教学实验结束后,对实验组与对照组学生的期望价值得分进行独立样本 T 检验得出:两个组在期望信念、获取价值、内部价值和效用价值四个维度的 P 值都小于 0.05,说明两个组学生的期望价值均具有显著性差异,其中期望信念、内部价值和效用价值三个维度出现了极显著差异($P < 0.01$)。其次,实验组在四个维度的均值得分都高于对照组,说明体育课程跨学科主题教学提高了学生的体育学习动机。

期望价值理论被认为是青少年动机理论中的重要一环,期望信念和任务价值最能激发基础教育阶段学生的学习动机。体育课中的期望信念就是指学生是否有信心获得好成绩。就体育课而言,获取价值即学生对体育课程对自身健康发展的重要程度的认知。实验组的学生之所以在获取价值上有了显著的提高,是因为体育课程跨学科主题教学中包含的众多和健康相关的科学知识让其懂得体育锻炼对身体的影响,理解了运动益处、健身原则在实际生活中的运用(例如,某位同学在访谈中说道:"在体育课程跨学科主题教学中学到的这些知识可以在生活中得到利用。如果我去健身,我就知道怎么锻炼,防止身体受伤。"),而传统的体育课程更多的是注重体育技能的练习,对学生同等重要的健康知识、健身方法和锻炼原则等知识的教学涉及太少,学生在练完技能之后并不明白为什么要练习这些技能,导致学生觉得体育课就是纯粹的"好玩",对体育课的重要性认知并不高。内部价值是指从某一特定活动中得到乐趣、享受或对其的主观兴趣。体育课中的内部价值是指学生对体育教学的兴趣程度和愉悦程度。通过分析实验组学生的访谈结果发现,体育课程跨学科主题教学中新颖的游戏设计、丰富多彩的教学器材、循环参与的多站式活动以及与学生健康密切相关的知识学习是让学生产生较高内部价值的主要原因。对照组学生内部价值不高的因素主要是学习内容的高度重复性,大部分学生反映从小学一年级到五年级的学习内容一直都是跑步和跳绳等内容,体育游戏的新颖性也较差,因而导致学生在体育课中享受到的乐趣并不大。效用价值是某项任务与当前或未来目标的联系程度,是否对特定的长期目标有益处。换言之,是指体育课程内容的学习能否对现在或未来的学习或生活产生有益影响。体育课程跨学科主题教学能够对学生产生效用价值,究其原因主要是学生能够学习与体育相关的其他学科知识。通过一个学期的体育学习,学生不仅仅锻炼了身体,更重要的是学习了识图定向、数学计算等科学知识,为其参与运动和科学健身奠定了必要的知识和理论基础,进而为其终身健康产生长期的效用价值,最终形成积极的体育参与行为。代价是指从事某项活动所带来的困难、损失和痛苦。期望价值动机理论认为,当活动价值超过活动代价时动机才有可能产生。由此说明,体育与健康课程跨学科主题教学让学生更好地明白了体育对于学生个体的益处,懂得了体育的重要性。

（4）实验组与对照组在实验后的课堂身体活动结果比较

对于处在生长发育关键时期的儿童青少年而言，每天参加足够量的身体活动是促进其身心健康发展的基本保障。采用三轴加速度计对实验组与对照组学生的体育课身体活动水平进行监测，利用 METs（梅脱值）和 MVPA（中高强度身体活动）反映学生在课上的身体活动水平，见表 7-10。

表 7-10 实验组与对照组实验后的课堂身体活动得分情况

			$N^①$	$M^②$	$S^③$	Max^④	Min^⑤
METs	实验组	DHH	8	3.35	0.78	5.03	2.65
		MMM	8	3.36	0.43	3.83	2.73
		FCC	8	2.75	0.28	3.21	2.47
	对照组		9	3.78	0.37	4.10	2.78
MVPA	实验组	DHH	8	12.45	1.98	15.1	9.5
		MMM	8	12.32	1.67	11.8	16.3
		FCC	8	11.78	1.27	9.3	12.6
	对照组		9	13.89	1.65	13.8	17.6

注：① N 为样本含量。② M 为平均值。③ S 为标准差。④ Max 为最大值。⑤ Min 为最小值。

由表 7-10 可知，实验组 3 个单元的 METs 出现不同程度的变化，其中 DHH 和 MMM 单元的 METs 都大于 3.0，说明体育课的运动强度都达到了中强度，但 FCC 单元的 METs 只有 2.75，小于 3.0，属于低强度水平。但 3 个单元的平均 METs 为 3.15，说明实验组学生的运动强度在总体上达到了中强度。对照组的 METs 为 3.78，也达到了中强度水平，且要高于实验组。除了 METs 以外，从 MVPA 时间上看，实验组的 3 个单元与 METs 保持相同的趋势，DHH 单元的 MVPA 时间最高，MMM 和 FCC 次之，3 个单元的平均 MVPA 时间为 12.18 分钟。对照组的平均 MVPA 时间则为 13.89 分钟，比实验组多 1.71 分钟。从绝对值看，实验组不管是 METs 还是 MVPA 时间都比对照组要低，使用单因素方差分析对 3 个单元的 METs 和 MVPA 时间进行检验，得出实验组和对照组之间具有显著性差异。

体育与健康课程跨学科主题教学基于建构主义等教学理论，建构主义认为学习者和内容间必须发生直接而有意义的互动，通过认知任务的参与、知识的建构,可以促进学习者的意识和行为的改变。强调高水平认知参与的建构主义体育课程也一直被诟病,认为会对以身体活动练习为主的体育教学构成挑战,但 Ang Chen 教授等人对建构主义体育课程进行了验证,结果发现建构主义体育课程并没有削弱学生的课堂身体活动水平和降低体育课的运动强度。本书的实验数据也表明,虽然实验组学生的运动强度和中高强度身体活动时间的绝对值稍微低于对照组,但在统计学上并未呈现显著性差异。由此说明,基于建构主义理论的跨学科主题教学没有削弱学生的身体活动水平,这与 Ang Chen 等人的研究结果一致。

除此之外,不管是实验组还是对照组的身体活动水平与国际相比都还相差甚远。美国疾控中心和英国体育教育协会认为:5~17 岁的学生在体育课中达到 50% 的中高强度身体活动时间才会对学生健康和学习成绩产生效益。Jenna 等人通过文献分析得出世界各国体育课程达到平均 MVPA 时间的占比为 40.5%。从实验数据来看,实验组和对照组的 MVPA 时间所占比例达到 35.9% 和 41.9%,实验组的 MVPA 时间与国际平均水平相差近 5 个百分点,对照组的 MVPA 时间则稍高于国际水平,但是对美英两国推荐的 50% MVPA 还都有一定的差距。基于此,在后期的跨学科主题教学课程中要对课程内容或身体练习形式进行一定的调整和改编,尽可能维持跨学科知识和身体活动水平之间的平衡,使学生在体育课中学习到跨学科知识的同时,也能够保持较高的身体活动水平,获得身体健康的收益。

7.3.3 教师访谈分析

体育与健康课程跨学科主题教学实施过程中,多次对授课教师进行访谈,具体问题主要围绕三个方面,即跨学科主题教学模式实施情况、教学模式实施问题以及教学模式的改进意见。

1) 访谈对象

笔者对授课学校教师进行了访谈,这些教师从事体育教学多年,其中指导教师作为体育教学组组长具有丰富的教学经验。授课学校的教师对教学案例课堂进行听课记录。访谈主要是从教师的视角出发,对体育与健康课程跨学科主题模式的成效进行剖析。

2）访谈记录

问题一：您认为课堂中运用的体育与健康课程跨学科主题教学模式的教学效果如何？

教师：我认为体育与健康课程跨学科主题教学模式在课堂中运用的教学效果是很不错的。这个教学模式体现了以学生发展为中心的教学理念，注重学生跨学科教学知识的联结以及师生良好互动，培养了学生的自主学习能力和解决问题的能力。体育与健康课程跨学科主题教学模式设计聚焦生活场景中真实问题，建立学生与生活经验的联系，使每个学生都能在学习中充分发挥自己的学习潜能。这个模式的优点是通过"大概念"思维，注重了体育与健康课程跨学科教学知识的联结；以体育核心素养目标为导向，联结了体育、地理、语文、历史、数学等学科知识；通过"大概念"生成结构化跨学科教学内容。学生在此教学模式下能够得到全面支持和帮助，从而提高学习效果和成绩。此外，通过设定进阶性任务，注重了学生在学习中学会与他人合作和交流，从而培养他们的团队合作和交流能力。

问题二：您认为在开展体育与健康课程跨学科主题教学时重点要注意什么？

教师：首先，目标明确一直是课堂所强调的重点。在开展体育与健康课程跨学科主题教学的过程中，无论设计何种案例的教学活动，一定是要以学科核心素养目标为导向。其次，持续互动性非常重要。包括教师和学生，学生和学生之间的互动等，以激发学生的学习兴趣和课堂参与度。再次，是体育与健康课程跨学科主题教学知识的联结。"校园定向赛·烟花三月下扬州"主题教学活动以体育核心素养目标为导向，联结体育、地理、语文、历史、数学等学科知识，搭建跨学科知识网络，生成一级学科概念、二级跨学科大概念，从而形成结构化的跨学科教学内容。最后，是课堂管理的规范化。体育与健康课程跨学科主题教学需要对课堂管理进行规范化，包括课堂教学真实运动情境的设置、学生的行为规范等，以确保课堂教学的顺利进行。

问题三：您认为体育与健康课程跨学科主题教学模式应用于教学中存在哪些不足？您对此有哪些建议？

教师：自从《新课标》颁布以来，如何实施体育与健康课程跨学科主题教学一直处在探讨阶段，众多学者提出了智者见智的建议。体育与健康课程跨学科主题教学模式的应用一定程度上能够助力该领域的发展，但是仍需进一步的优化与完善，并且教师在体育与健康课程跨学科主题教学方面的教研比较缺乏。体育与健康课程跨学科主题教学模式中提出了确立主题、设定目标、关联学科、制定任务、创设情境、开展评价6个教学步骤，每个步骤都有具体操作建议。其中，如何确定教学主题仍然是重点，教学主题的选择应来源于生活化的场景，通过学科间教师的教研活动进行设定，从而保障教学主题设定的科学性。此外，书中构建的体育与健康课程跨学科主题教学模式只是一个理论框架，具体实践过程中还需教师结合教学主题灵活设定。

问题四：您认为在课堂教学中，体育与健康课程跨学科主题教学模式的构建对教学产生了怎样的影响？

教师：随着体育与健康课程改革的深入推进，体育与健康课程跨学科主题教学模式的构建为教师提供了理论框架，有助于教师加深对跨学科主题教学的认识。早期体育教学中，教师只能遵循《新课标》理念进行仁者见仁的教学，而在体育与健康课程跨学科主题教学模式的参考下，教师可以很快地进行教学设计。比如，在以上教学案例中，江苏扬州市文峰小学以此教学模式为行动框架，在"水平三耐久跑"学习单元中积极开展"校园定向赛·烟花三月下扬州"主题教学活动，旨在让学生熟悉识图定向的方法，了解扬州的地理、历史等相关知识，提升学生耐久跑身体素质，促进学生综合素养的提升。同时，体育与健康课程跨学科主题教学模式的构建给教师带来了诸多便利，教师可以用相同的教学时间指导学生学习更多的知识，为做好教学设计节约更多的时间。体育与健康课程跨学科主题教学模式的构建，有助于教师有的放矢地进行教学，实现以学生发展为本的思想，助力每一位学生全面而个性化的发展。

问题五：您赞成将此课程教学模式融入日常教学中吗？

教师：非常赞成将此教学模式投入日常的教学中。体育与健康课程跨学科主题教学模式的构建能够优化课堂教学方式，提升课堂教学质量以及课堂教学效率。体育与健康课程教学对于体育学习的兴趣来说是非常重要的，学生有了学习的兴趣和动力才能持续地坚持下去。体育与健康课程教学模式所提供的教学方式、手段,给予了多种活动形式,学生对此是具有极大热情的,这在维持学生学习兴趣方面具有重要作用。在《新课标》背景下,如何提升学生的综合素养,进一步提升学生体育学习质量是重要的议题。体育与健康课程跨学科主题教学模式应用中注重真实运动情境的创设,使学生更好地在情境中学习,提高体育学习兴趣。同时,体育与健康课程跨学科主题教学模式的构建可以提供个性化的学习体验,学生可以根据自己的学习能力和需求来定制自己的学习内容。

3) 访谈总结

通过与教师的访谈,发现大部分教师认为体育与健康课程跨学科主题教学模式的构建对于学生的学和教师的教均有一定价值意义,应用此模式进行案例教学取得了良好的教学效果,有助于体育与健康课程改革的深化,对一线教师实施跨学科主题教学具有重要参考价值。本书提出的体育与健康课程跨学科主题教学模式对于学生掌握跨学科知识、提高学习效率以及学习兴趣方面均有所帮助。此教学模式能够有效地提升课堂质量,助力体育教师和学生的成长。我们期望体育与健康课程跨学科主题教学模式能够不断地向更好的方向发展,在教学实践中不断地走向完善。

7.3.4 学生访谈分析

学生是整个教学活动的主体,居于课堂教学的主体地位。学生的参与和反馈是教学过程中的重要环节。教师应该注重学生的反馈和评价,及时总结教学效果,调整教学策略,不断完善教学内容和方法,使得教学更加有效和实用。访谈学生在此教学模式下的体验和感受,能够有效了解体育与健康课程跨学科主题教学模式在实践中的应用情况,促进教学模式的进一步优化和完善。

1) 访谈对象

笔者对教学班的学生按照学号顺序随机抽取5位进行访谈,访谈目的主要是针对体育与健康课程跨学科主题教学模式下的课堂学习体验等,深入了解学生内心真实的想法。

2) 访谈记录

问题一:在"校园定向赛·烟花三月下扬州"主题教学活动中上课体验如

何？能否适应？

学生1：我很喜欢这种课堂，跨学科主题学习对我来说是一次非常有意义的体验，让我学习了更多的知识。

学生2："校园定向赛·烟花三月下扬州"主题教学活动让我进行体育锻炼的同时，还能学习其他文化知识，加深对扬州的了解，产生了新的运动体验。

学生3：可以很好地适应跨学科主题教学，课前的任务单能够让我提前预习要学习的内容，让我在课堂中可以更好地跟上课堂的节奏。

学生4：很喜欢"校园定向赛·烟花三月下扬州"主题教学活动中互动游戏，以及运动比赛环节。我们在进行体育锻炼的同时也可以获得乐趣。

学生5："校园定向赛·烟花三月下扬州"主题教学活动中设定的四个教学主题任务均能有效地完成，在学习过程中我感到轻松愉快。

问题二：你认为在体育与健康课程跨学科主题教学模式下的教学活动与之前的体育学习有什么区别？

学生1：之前在体育课堂学习主要以运动技能学习为主，完成教师布置的作业，没什么乐趣可言；如今的体育课堂非常有趣，游戏互动环节我很喜欢。

学生2：之前上课运动竞赛较少，现在教学中对抗练习、比赛性练习增加了。我在真实、复杂的运动情境中获得了丰富的运动体验和认知。

学生3："校园定向赛·烟花三月下扬州"主题教学活动中能够及时跟教师沟通，了解下一个学习任务，让我体验到了运动的快乐。

学生4：以前的体育课教学内容相对枯燥，现在跨学科主题教学增加了许多互动环节，喜欢这种教学活动。

学生5：在"校园定向赛·烟花三月下扬州"主题教学活动中，我们通过课前教师推送的学习资源进行学习，产生了不一样的运动体验，可以掌握更多的知识。

问题三：你对课堂中情境化学习有什么感受？

学生1：我觉得学习效果特别好，在课堂中根据教师制定的教学任务进行比赛，更加积极投入运动，主动性增强了。

学生2：我觉得在运动的情境中，每位同学均能参与其中，现在上课都可以参与体育游戏和比赛了。

学生3：之前教师发布的一些任务只能听组内同学的安排，现在我也能参与到任务中了。

学生4：我特别喜欢这种情境化的教学方式，让我能够情不自禁地投入其中。现在，我可以选择不同难度的题目了。

学生5：我觉得情境化教学让我获得了更多知识。之前，这个知识点我已经会了；现在有了更多的选择，我觉得更有挑战性了。

问题四：对于现在的体育与健康课程跨学科主题教学，你有什么建议和想法？

学生1：我觉得现在的课堂学习很有趣，在这样的课堂中我觉得非常愉快，也接触到了很多先进的理念，我更喜欢上体育课了。

学生2：我觉得教师可以适当增加一下课前预习的内容，让我们加深对课堂教学内容的理解。

学生3：我想把我们的运动场地配备上各种高级的教学器材，增加智能化设备，每人一个电子智能设备，下课后也可以用它来做功课。

学生4：我觉得体育与健康课程跨学科主题学习可以通过智能化的方式实现，可以充分用其来学习，课下加深对课堂学习内容的理解。

学生5：希望教师在布置教学任务的时候，可以让学生自己去进行场地的布置，这样可以使我们加深对跨学科主题教学的理解。

3）访谈总结

根据以上访谈记录可以看出，学生对"校园定向赛·烟花三月下扬州"跨学科主题教学活动具有很大的兴趣，原因体现于以下几个方面：课堂互动环节较多；练习方式有趣；跨学科知识的学习让学生产生了多样化的运动体验。同时，学生也基于体育与健康课程跨学科主题教学模式教学提出了自己的问题，比如缺乏课前任务的理解，课前没好好预习容易跟不上教师的节奏等。总体而言，学生认为该模式下的跨学科主题学习比之前的课堂学习更加有趣。"校园定向赛·烟花三月下扬州"主题教学活动帮助学生产生多样化的运动体验，促进了其综合素养的提升。

7.4 教学反思

实施体育与健康课程跨学科主题教学，遵循了"五育"融合的时代教育理念，是《新课标》背景下"知识本位"转向"素养本位"教育的内在要求。本书以体育与健康课程跨学科主题教学模式构建为视角，结合当前体育与健康课程跨学科主题教学中存在的主题选取不清、结构化教学尚未生成、教学评价过于简单、学科跨而不合现象凸出等问题，抛砖引玉地提出了"确立主题→设定目标→关联学科→制定任务→创设情境→开展评价"跨学科主题教学模式，并结合"校园定向赛·烟花三月下扬州"教学案例进行实践分析，旨在为后续研究提供理论借鉴。体育课程跨学科主题教学模式的构建，一定程度上有助于《新课标》背景下跨学科主题教学改革的实施。

通过课堂观察和数据分析发现，基于体育与健康课程跨学科主题教学模式构建的教学案例促进了学生运动参与的主动性，学生上课注意力高度集中，能够积极投入教学活动中，学生对体育课堂期望价值更高，运动动机得到较大幅度提升，能够更加深刻意识到体育课重要性价值、体育课趣味性价值、体育课有用性价值。运动参与积极性和期望价值的提升，提高了学生基本运动技能，跑步、双脚跳、侧滑步、跑跳步、上手投掷等基本运动技能均得到了较大幅度提升。需要注意的是，相对于传统体育课堂，跨学科主题教学课堂并未降低课堂身体活动水平，反而在一定程度上提升了中高强度身体活动水平，这可能与体育课程跨学科主题教学提高了学生的体育学习动机，学生运动参与积极性增强有关。在取得以上成效的同时，仍存在诸多不足，例如教师的体育跨学科执教素养仍然有待提升，跨学科主题教学设计能力仍然有待提升，课堂教学评价能力不足等。

基于以上教学案例中发现的问题，随着体育与健康课程教学改革的深化，后期应进一步优化体育与健康课程教学模式，重点围绕"大概念"思维构建结构化教学内容，设置有效的跨学科主题教学情境活动，促进学科间知识的有效联结。此外，应逐步增加教师的教研活动，注重典型性教学案例的收集，加强体育与健康课程跨学科主题优质案例库建设。跨学科主题教学表现性评价量规的研制是学界和业界共同努力的方向，以期通过评价方式的优化促进新时期学校体育的高质量发展。

8 体育与健康课程跨学科主题教学实施建议

新时代,体育与健康课程跨学科主题教学已经成为教育领域的新课题之一。体育跨学科主题教学是提高学生运动能力、学习健康与保健知识、传承中华优秀传统体育文化的重要方式方法。《新课标》指出体育与健康课程教学应融入多门学科,充分发挥育人功能,促进学生全面发展。本书聚焦体育教育高质量发展的时代诉求,遵循"为什么融合""融合什么""如何融合"的发展思路,构建了跨学科主题教学系统结构,包含总体思路、遵循原则和实施建议三个方面,详见图8-1。

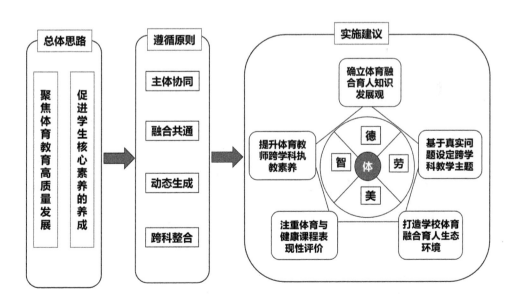

图 8-1 体育与健康课程跨学科主题教学的实施建议

8.1 总体思路

体育与健康课程跨学科主题教学的总体思路是聚焦体育教育高质量发展，促进学生核心素养的养成。体育与健康跨学科主题教学是以体育与健康课程为载体，以学习主题为引领，整合不同学科知识。结合课程的目标体系，设置有助于实现体育与德育、智育、美育、劳动教育和国防教育相结合的多学科交叉融合的教学内容。《新课标》明确提出：围绕发展学生核心素养，精选和设计课程内容，各门课程用保证不少于10%的课时设计开展跨学科主题学习，强化学科间的相互关联，增强课程的综合性和实践性，培养学生在真实情境中运用多学科知识解决问题的能力。处理好学科教学与跨学科主题学习两者关系，构建跨学科教学研究共同体，形成协同育人合力。体育与健康跨学科主题学习的教学活动与新时代发展要求相契合，是综合育人和推进教学改革的新路径，是对原有体育教学模式的进阶与优化，是落实"学练赛"一体化教学的有力抓手和培养学生高阶思维的动力源泉。

8.2 遵循原则

8.2.1 主体协同原则

《新课标》特别提出强化课程协同育人功能，全面落实以学生为本的教育理念，组织开展育人思想与方法跨学科研讨活动。跨学科主题教学是多元主体协同参与的过程，实施主体包括教师、学生、校长、家长、教研员等。这些主体在跨学科主题教学的实施中各自扮演着重要的角色，共同推动课程的顺利进行和效果的最大化。教师在跨学科课程中扮演着核心角色，需要具备跨学科的教学能力和知识，能够整合不同学科的内容，设计跨学科的教学活动。教师之间的协同工作也非常重要，通过定期的教研会议共享教学资源和经验，共同提升教学质量。学生是学习的主体，跨学科课程强调学生的主动参与和探索。学生通过提出问题、设计方案、参与决策等过程，激发学习动力和创新精神，成为学习旅程中的积极探险者和创造者。校长在跨学科课程的实施中起到领导和协调的作用，为教师提供必要的支持和资源，确保跨学科课程的顺利实施，其领导力和协调能力对于跨学科课程的成功实施至关重要。家长也是跨学科课程实施中的重要一环。家长参与家庭中的儿童学习活动和学校的教育教学活动，与教师共同促进孩子的全面发展。家长的参与能够提高教育行为的适宜性和敏感性，帮助孩子更好地理解和应用所学知识。教研员负责教学研究和课程开发，在跨学科课程的设计和实施中提供专业支持和指导，通过研究多种教学方法和教育理念，为教师提供培训和支持，确保跨学科课程的高质量实施。

总而言之，设计者制定校园体育文化建设及活动方案时，应构建体育教育协同育人生态环境，强化实施主体的意识与担当。在开展跨学科主题教学发展实践时，教育行政部门工作人员、校长和教师等教育工作者要明确协同关系，厘清各自的目标、任务以及承担的责任，将自身能力和资源优势发挥到最大。

8.2.2　融合共通原则

跨学科主题教学并非与其他学科进行生硬的拼凑与嫁接，更不是简单的跨学科教育，而是建立在"跨"与"融"的基础上，以某一学科为核心，融入不同学科的知识来解决问题的课程融合方式。各学科通过相互渗透、相互迁移与相互作用，进而解决各自较为薄弱的"疑难杂症"，发挥各自优势，从而实现跨得自然，融得有效，达到"育体、育心、育智"的综合育人效果。"跨学科融合"是在既定学科课程体系的基础上，在授课教师单一学科教学的实践活动中，利用其他学科的知识体系、思维模式、实践方式等完成本学科教学目标的教学方法。在实际操作过程中，我们要透过现象看本质，找到内在联系、内在迁移与内在作用，而非仅仅关注理论层面的"跨学科"。要注重解决教学过程中的实际问题，找到体育与健康课程真正意义上的"交融点"。因此，应遵循融合共通原则，基于不同学科的教学重难点，通过创设动静结合的教学情境，让学生充分体验，提高理解、掌握、运用知识的能力。在突破学习重难点的同时，丰富完善不同学科之间知识整体性。教师在教育教学中不仅要将各学科视为一个整体，更要看到体育学科与其他各学科之间的内在关联，使其互为资源和条件，合力促进学生的全面发展。

8.2.3 动态生成原则

随着基础教育课程改革的深入推进,创新型人才培养与高质量发展成为当前基础教育改革发展的时代命题。跨学科主题教学作为基础教育的发展方向,其课堂教学动态生成不仅与创新型人才培养同源,更是基础教育高质量发展的基本诉求,这构成了跨学科教学课堂教学动态生成的实践逻辑。体育与健康课程跨学科融合发展既是一个不可分割的整体,也是一个不可分割的过程。体育与健康课程跨学科融合不只是目标或内容的融合,还包括实施过程的融合。体育与健康课程从内容到具体的实施方式的每一个环节共同构成融合发展的进程,并且每个环节本身也是一个不断发展变化的过程。从目标融合而言,各学科融合目标是立足于核心素养,培养学生的基本技能、批判性的思考能力、分析问题的能力以及创造性思维。整合不同学科的知识与技能,培养学生的综合素养,使学生的知识体系和知识架构更加系统完整,以全新视角看待与解决问题。从内容融合而言,各学科内容体系会依据不同年龄学生的发展需求作出调整,内容融合的程度与类型会根据学科的特点与发展进程而加以改变。从教育过程融合而言,需要针对不同的融合类型采用适切性的方式方法,并根据遇到的新问题及时反馈并调整。因此,体育与健康课程跨学科主题教学是一个动态、开放的系统,有相对稳定的规律可循。

8.2.4 跨科整合原则

体育与健康课程跨学科主题教学虽离不开课程分立,但更强调分离基础上的课程融合。基于知识体系的课程融合旨在打通体育与其他课程间的内在关联,使每门学科对其他学科素养发展产生积极影响,从而产生课程的融合效应。迁移性、整体性是跨学科课程设计的基本原则。这里的迁移性主要指将一门学科的知识、能力与价值观应用到另一学科,从而使得学生方便易学。此外,发展学生核心素养是"五育"融合全面发展教育的具体化,并以此成为各科课程的"DNA",各科课程则将核心素养由外在于学生的虚化形态转化为学生个体内在素养的现实形态。在构建跨学科主题学习初期遵循跨科整合原则,教师要精心选择内蕴"五育"元素的主题,同步设计包含德、智、体、美、劳等维度的评价体系,并在情境创设与学习任务配置中预设"五育"融合内核,使主题学习明确从而指向全面发展的学习目标。跨学科主题学习实施的每一步都要紧扣"五育"融合宗旨,将"五育"渗透在学生的学习过程中,促使学生全面提升综合素养。

在宏观层面分类、分学段统筹协调跨学科主题学习,构建支持性政策与团队协同机制,是遵循跨科整合原则的关键。学校管理层应发挥引领作用,通过构建包容性与前瞻性的课程政策框架,为跨学科主题学习提供坚实的制度保障。校长及学校管理部门应致力于构建一个鼓励创新与合作的制度环境,包括修订和完善学校课程规划,制定支持跨学科主题教学的政策,明确跨学科教育的目标、内容及评价标准,确保学科间的无缝衔接与知识的有机整合,提供必要的物质资源与技术支持,如建设功能教室或链接校外实践基地、配备与跨学科主题学习相适应的多功能协作空间、为跨学科教学活动创造有利条件等。通过定期开展集体备课、跨学科教学研讨会等,建立有效的跨学科教师团队合作机制,增强教师对跨学科教学的理论认识与实践认同,确保教育理念与教学实践的深度融合以及教育资源与教学智慧的共享,从而推动学生在跨学科探索过程中全面发展。

8.3 实施建议

8.3.1 确立体育融合育人的知识发展观

受早期分科主义教学的影响,体育学科与其他学科出现了分离现象。新时期,体育应与各学科打破知识的藩篱,建立融通式知识发展观,促进学生综合素养的养成。

1)注重体育学科知识与各学科统整

跨学科主题学习不能脱离学科单独存在,应以学科内容核心知识和思想方法为主干,运用和整合其他学科的相关知识和方法,围绕一个中心主题、任务、项目或问题,开展综合性学习活动,发展学生的跨学科核心素养。因此,跨学科主题学习更需要强调课程内容与学生经验、社会生活的联系,强化学科之间的知识整合。尤其是要从简单的跨学科知识技能拼盘,转向解决问题的跨学科知识技能整合和价值关切,重视培养学生在真实情境中综合运用相关学科知识解决问题的能力。知识统整的价值在于借助知识的转化，使得不同层面、不同体系的知识在获得同一性的基础上达到井然有序，进而融合知识，对知识进行结构化塑造。知识统整过程包含"转化"和"融合"两个向度。"转化"是将来源不同、功能不一的知识元素按照学科逻辑转化为以育人为目标的知识集合。"融合"是将知识体系按照彼此之前的关联度进行有机结合，形成知识网络。随着人才培养目标的更新和扩展，不仅注重对学生身体健康与运动能力的培养，对学生的协作能力、创新能力以及实践能力也提出了较高要求。因此，应以"立德树人，文化育人"为总体目标，围绕"五育"并举，以体育教学体系建设为抓手，坚持"面向全体、人人参与"的原则，主动打破学科间知识的边界，以体育学科中的某一知识元素为载体，构建基于特定体育知识点的知识图谱，实现体育与其他各育知识的整合，以适应社会快速变化和对综合性人才需求的发展趋势。

2）注重各学科综合育人的延伸性

传统教育模式中，各学科往往孤立存在，学生在学习时难以将不同学科的知识进行有效的联系与应用。体育课程跨学科主题学习则通过课程知识整合、项目学习等方式，鼓励学生从多学科的视角出发，分析和解决实际问题。学科综合育人强调跨学科整合与全面素质教育的理念，旨在培养学生的综合素养，使其不仅在学术知识上有所提升，更在思想品德、实践能力、创新精神等方面全面发展。这一理念的提出，回应了社会对人才培养的多元化需求，也符合教育现代化的发展趋势。

在跨学科主题教学背景下，发挥各学科综合育人功效是现代社会与现代教育所赋予学科教育的特殊任务。各学科综合育人是一种强调知识整合与实践应用的教育理念，这种模式不仅关注学科知识的传授，更重视学生的情感、社交、道德与创新能力的发展。通过设计跨学科课程和项目式学习，学生能够在解决实际问题的过程中，灵活运用不同学科的知识，强化批判性思维与团队合作能力。跨学科培训与团队教学也至关重要，以确保教育者能够有效引导学生在探索中连接多元知识。通过各学科合作和教学资源的利用，为学生提供更多实践机会，培养他们的社会责任感和适应能力，这是新形势对教育教学提出的必然要求。总的来说，综合育人价值的发挥需要正确处理"立德"和"育人"的辩证关系，尊重个体差异，协同共促青少年学生成长。

3）注重体育与健康课程整体性育人价值

体育教育作为一门综合性的课程，不仅仅锻炼身体、增强体质，更是培养学生心理素质、社会适应能力以及道德品质等的重要途径。随着课程改革的进一步深化，体育跨学科主题教学不仅要培养学生的知识和技能，还要将运动能力、健康行为、体育品德培养融为一体，在体育实践活动中将体育与其他各学科知识融合应用。体育与健康课程的设计理念应牢牢把握素质教育、健康第一和以人为本的指导思想。体育跨学科课程教学的推进，不仅能增进学生体质健康，培养学生团队精神，为学生自学、自练和自我创造，为终身体育打下良好基础，也能够促进学生综合素质的发展。通过身体练习和各种体育健康知识、技能的传授，实现德、智、体、美、劳全面发展的目标。重视体育与健康课程的整体性育人价值，能够帮助学生身心全面发展，适应未来社会的各种挑战，为学生成长和成才铺就一条更加宽广的道路。

8.3.2 基于真实问题设定跨学科教学主题

确定合理的学习主题是科学设计和实施跨学科主题学习的首要事项。在设计和实施跨学科主题教学过程中，应以学生为主体，聚焦解决真实情境问题，围绕主题实现学科之间有机整合，这是发展学生核心素养的有效途径。

1）聚焦真实问题，确立体育活动参与的学习主题

确定科学合理的学习主题是实施跨学科主题教学的首要任务与核心事项。跨学科主题教学强调创设真实的、生活化的问题情境，促使教师运用多门学科知识与多种方法，以体育与健康课程主要学习内容（如运动技能、体能）为载体，以真实的、单一学科难以解决的跨学科问题为起点确定学习主题。学习活动是学习主题内容和学习目标转化为学习效果的桥梁和载体，真实的学习活动情境是其学习内容凸显现实意义和充分产生学习效果的保障。因为在真实的学习情境下，学生才能更深刻地认识到学习内容的价值，进而激发持久的学习热情和兴趣。反之，一些刻意增添的情境由于难以充分激发学生的学习兴趣，故难以切实提升学生的学习效果。例如，学生在参与快速跑和投实心球等田径运动前，往往因为对热身的生物学原理缺乏认知（热身能够通过提高肌肉温度来增强肌肉弹性和降低黏滞性），而忽视热身的重要性，出现肌肉拉伤等运动损伤。同样，在篮球运动中,学生对"打板投篮"和"击地传球",尤其是反射定律(即反射角等于入射角)的物理学原理理解不足,进而影响了投篮和传球成功率。综上所述,运动技能的学习不仅涉及技术的掌握,还与在真实情境下解决问题时对相关学科知识的理解密切相关。因此,设计和实施跨学科主题教学真实情境活动显得尤为重要,这种活动能够使学生在运动技能的实践中,探究并理解相关的生物学与物理学原理,从而实现"既会运动技能,又懂技能原理"的目标。

2) 基于体育核心素养,制定切实可行的学习目标

课堂学习目标及其达成是发展学科核心素养的基础与关键。《普通高中体育与健康课程标准》建立了"运动能力、健康行为、体育品德"三位一体的学科核心素养体系,明确了学生通过体育学习应形成正确价值观、必备品格和关键能力,同时要求体育教师在体育教学中以培养学生的学科核心素养和增进学生身心健康为主要目标,帮助学生形成和发展体育学科核心素养。在体育课堂教学过程中,教师应结合学科核心素养,制定切实可行的学习目标,以促进学生的全面发展。在跨学科主题学习中,不是以学习知识为目标,而是以解决问题为目的。合理的学习目标是将学习主题转化为具体活动的重要枢纽,也是制定学习评价的关键参考。因此,需要围绕体育学科核心素养将当前较为泛化和模糊的跨学科主题学习目标,优化为更具体、可实现的学习目标。以"校园定向赛·烟花三月下扬州"为例,在"运动能力"方面,通过参与耐久跑练习,知道正确的耐久跑呼吸方式可以增强心肺功能,掌握耐久跑的正确技术动作和呼吸方式,发展耐力素质。在"健康行为"方面,引导学生积极参与各项练习活动,在耐久跑练习过程中能合理分配体力并控制好呼吸节奏,逐步认识到热身对提升肌肉弹性、预防拉伤及提高运动成绩的重要性,养成在运动前热身的健康习惯。在"体育品德"方面,学生在学练和小组比赛中能与同学相互鼓励并坚持不懈地完成各阶段耐久跑练习,与同学一起完成比赛并分享跑步过程中的喜悦,用中华优秀传统文化培根铸魂,弘扬扬州文化,坚定文化自信。在其他学科中也同样如此,以语法课——"人与自我"为例,在"语言能力"方面,学生通过观察归纳、小组讨论等方式,正确理解和使用形容词和副词的比较级,谈论人的个性特征。在"文化意识"方面,能够正确地看待自己和他人,尊重他人,实事求是。在"思维品质"方面,学生能够在学习过程中积极主动地探索,发现并尝试使用多种策略解决语言学习

中的问题,积极进行拓展性运用。在"学习能力"方面,学生能通过大量的练习熟练运用形容词和副词的比较级,熟悉一般现在时的用法并在写作中运用。

3）注重合作探究学习方式,设置真实的体育实践情境

《中小学综合实践活动课程指导纲要》提出跨学科实践课程"从学生的真实生活与实际发展需要出发,从生活情境中发现问题,转化为活动主题,通过探究、服务、制作以及体验等方式,培养学生的综合素质"。跨学科主题学习的教学方式设计因教学内容与教学情境不同而异,即遵循创设情境、发现问题、分析并探究问题、解决问题、进行成果检验的程序。学习活动是将学习主题和目标转化为学习效果的桥梁和载体。在真实的学习情境中,学习内容更能体现其现实意义,从而确保有效的学习成果。在这样的环境中,学生能够深刻理解学习内容的价值,激发持久的学习热情和兴趣。相对而言,一些人为设定的情境往往难以激发学生的兴趣,因此也无法有效提升学习效果。然而,目前一些体育跨学科主题学习案例中,学习活动的情境创设存在失真的问题。在这样的真实性较弱的情境中,学生似乎在按照预先设计的"剧本"进行被动"表演",而不是通过真实的跨学科问题进行主动学习,这可能导致学生的主体地位被削弱,学习兴趣减弱。因此,如何根据体育学科的本质特点设置真实的学习情境,并采用合作探究的学习方式,使之与学习内容相辅相成,是将学习目标转化为显著学习效果的关键。在真实的体育学习环境中,应引导学生逐步发现、理解并掌握与体育活动密切相关的跨学科原理,这正是创设体育跨学科主题学习情境的核心目的。

8.3.3　打造学校体育融合育人生态环境

体育与健康跨学科主题学习的教学,是引领学生认识未知世界的必由路径和必然选择,也为体育与健康课程改革提供了有效实践方案。其立足于核心素养,突破了传统单一学科资源的藩篱,有效整合多学科资源,打造学校体育融合育人生态环境,形成"体育＋N"的多学科资源汇集,促进学科知识间的相向流动与融合。

1）树立学校体育融合育人理念,强化融合目标

首先,学校要树立"五育"人才观。有学者认为:"一个好校长,就是一所好学校。"作为校方,以干部队伍建设为引领,把握"五育"融合理念的核心要义,向"一育"体现"四育"和"四育"渗透"一育"的理念转变。同时要积极落实全国教育大会的精神，明确"五育"并重的办学理念，树立科学的人才观，加强开展素质教育，以体育为突破口，积极探索"五育"融合的育人新路径，开设多元课程。在学校的"五育"融合体系中，虽课程类别具有不同的教育功能，但在本质上"五育"是内在统一的整体。因此，需将"五育"理念贯穿于教学内容中，促使"五育"之间有机融合，进而实现传授知识、强身健体、全面发展的育人目标。

其次，教师要积极转变教育观念，树立体育学科与其他学科协同育人的理念。教师要切实树立起"全域育人、全科育人、全过程育人"的育人观。在教学中，明确德、智、体、美、劳的理论课教学目标，并在此基础上根据跨学科课程性质与特点，寻找各学科之间在目标方面的契合点，实现目标融合。所谓"五育"融合不仅仅是让学生掌握其内在理念，同样也是对教师提出的要求，教师的言行在潜移默化中影响着学生，换言之，学生想成为什么样的人与教师的德行、品行密切相关。教师要以学生为主导，不断提高自身的综合素养和综合能力，强化教师的"五育"认知，使其树立正确的"五育"培养观，继而培养出德、智、体、美、劳全面发展的社会主义接班人，助力学生更好地持续发展。

最后，学校作为培养学生德、智、体、美、劳全面发展的主阵地，需创新"五育融合"课程模块，根据学生的发展与个性化需求，合理划分"五育"课程，在课程模块内部创设具有选择权的课程组成方式。根据学生的认知水平与学习兴趣及情况交叉进行，递次提升，为学生提供不同的能力培养机会，进而促使学生抛开"智育"好其他"四育"就都好的"偏科"观念，在日常活动、课堂、生活、实践当中去体会、感悟"五育"的价值意蕴，使其能够真正了解德、智、体、美、劳之间的内在联系与含义。帮助学生在文化知识与运动技术的掌握过程中，将德、智、体、美、劳融为整体，发挥其最大功效。

2）构建学校体育育人环境，增强学生素养发展内驱力

学校体育融合"四育"需要设计多样化教学环境，通过显在和潜在的方式加强多样化教学环境的"水平衔接"，发挥教学环境的协同育人功能。学校体育融合育人环境营造需要打破资源壁垒的障碍，具体体现在：组建跨学科教学团队，实现学科融合创新教育；融通线下和线上教育的边界，建立混合式教学模式；打通部门条块分割的职责边界，形成教育行政协同治理机制；打通体育系统与教育

系统的边界,寻找多元主体及不同教育力量之间的契合点。近些年,一些学校运动会开幕式积极落实学校体育融合育人教育理念,将体育与国防教育、美育、传统文化教育等元素有机融合,非常自然地打造了以体育人的"融通型"教育环境。例如,安徽师范大学近百名师生将手工制作的"非遗鱼灯"搬上了学校运动会开幕式,传承了徽州非物质文化遗产,促进了体育和美育、劳育的有机结合,达到了良好的体育综合育人效果。

总而言之,基于体育与其他"四育"融合发展的价值论定位和认识论支撑,从知识、学校内外层面营造"融通型"教育环境,能够有效提升实践中体育与"四育"融合的深度发展。体育新课标的教育理念强调在体育与健康课程中创造一种愉快、和谐且充满情感的环境。这意味着要将德、智、体、美、劳"五育"融入体育与健康课程,从而营造出适合学生身心发展的氛围。一个良好的学习环境能够帮助学生集中注意力,激发他们内在的综合素养,从而促进他们全面发展。首先,创设体验导向的育人环境。体验导向的体育学习并非仅仅为了体验,而是通过体育活动和运动技能的实践,内化为学生的"五育"品格,进而激发他们的潜力。这种学习方式强调学生的亲身经历,力求创造深度学习的体验式"五育"情境。例如,足球运动在培养学生顽强拼搏精神和团队合作能力方面具有重要作用。因此,教师不应只关注讲解足球技术,而应重视足球运动对学生内在价值的提升。为此,教师应采用合作式和探究式学习的方法,创设以成功体验、展示体验和合作体验为核心的"五育"环境,以此激发学生的思想力量、智慧合力、审美能力和实践动力。其次,创设精神引领的育人环境。体育精神应作为引领,在课程中深入挖掘体育与其他"四育"之间的内在联系,探索影响学生发展的关键因素,结合体育理念来指导教育实践,从而创造一个适宜学生发展的"五育"环境。在传授技战术的过程中,创造以"体育品德"训练为基础的教育情境,培养学生的团队合作精神、面对挑战的勇气和创新意识。体育训练通过身心的锻炼,不仅能够完善个人心智,还能促进个性的发展。因此,我们需要更加关注学生的运动参与、自主学习能力和实践能力,同时丰富他们的情感体验,以有效培养"五育"素养。

3) 优化学校体育评价机制,促进课程之间相互贯通

在评价主体上,建立包括学校、教师和学生在内的多元化的评价机制显得尤为重要。学校应成立综合督导评估小组，由校长负责，确保自评的有效性。各个年级需要对跨学科主题教学进行定期评价，将跨学科主题教学评价结果纳入学期总结的重要内容，以提升学校领导和教师对其的重视程度。转变以"应试考试"为主要形式的教师绩效评价方式，建立以综合课程教学效果为基础的教师绩效评价制度。对在跨学科课程教学工作中表现突出的教师进行表彰，并将其评价结果纳入学校的评优、评先工作中，以此激励教师积极探索和实施学科课程间的真正融合。对于学生，学校应建立多维度的测试评价系统，涵盖思想品德、审美、劳动技能等方面，同时对考试次数和科目进行合理控制，注重能力考核并设立学生体育特长的评定制度。

在评价方式上，应采用多样化的结合方式。一方面，将结果评价与过程评价相结合，不仅关注学生的学习成效，还要注重其在实践中的学习方法和情态动机。评价应涵盖学生的体育知识、技能掌握程度、体质健康达标水平，以及健康行为和体育品德的养成。因此，需建立综合性的过程性与结果性评价体系，以提升学生在价值观、学业水平、运动技能、情感体验和劳动实践等方面的综合素养。

另一方面，要将定量与定性评价相结合，不仅关注学生的认知、技能和体能目标，还要关注与体育学科及其他学科相关的情感目标。这种多元化的评价方式可以更全面地反映学生的发展情况。在评价内容上，跨学科主题教学是综合性的育人实践，需采用多样化的指标对其进行评价。然而，目前学校的跨学科主题教学评价内容仍显得缺乏灵活性和融合性。因此，应以促进学生"五育"全面发展为根本目的，贯彻新时代的育人目标，遵循育人规律，明确目标导向，将德育、智育、体育、美育和劳育作为学生综合素质评价的主要指标。在体育与健康课程实施中，应将学生的专项技能水平与综合素养纳入重要评价内容，教师围绕"五育"五个维度设定评价标准，并赋予各项指标不同的权重，为学生提供自评和互评的依据。

4）以"五育"融合理念为导向，加强教师队伍建设

人才培育以教师为本。体育与健康课程跨学科主题教学作为当下推动基础教育的关键一角，试图在"教"的视角下积极探寻跨学科课程融合的实施路径。新时代对体育教师提出了新要求，不仅要与时俱进，秉承终身教育的理念与健康第一的思想，更要系统提升自身的专业水准。只有教师本身掌握了不同学科知

识且加入自身理解时,学生才会以跨学科的方式进行思考。教师作为教学活动的组织者和实施者,是落实好体育健康跨学科主题学习任务的关键所在。在思想上打破学科本位界限,教师必须跳出学科本位的思维定式,开展形式多样、内容丰富的跨学科教学活动,提升专业知识素养。然而,目前有很多教师过于关注学科的钻研,忽视对学生的研究,缺乏问题意识,更缺乏对跨学科教学的理解。那么如何针对以上问题加强教师队伍建设?

促进教师工作的相互协调和整合,转化教师专业发展的课程意识,增强学校的转型教学能力。促进体育教师专业发展,更好落实"立德树人"的根本任务。强化对教师协同育人思想教育,增强其对跨学科课程教学价值的认同感,通过实施专项计划予以优先支持,并致力于推动教师教育跨学科教学专业化。这有助于提升教师的专业素养和教学能力,促进教师的协调合作;有助于教师在工作中更好地协作和配合,形成良好的工作氛围。

主动进行自我反思,使其成为一种常态。反思是提升问题意识的重要基础,没有反思就无法形成问题意识。在体育与健康的跨学科主题教学过程中,教师应在课前、课中和课后都加强反思,以此增强自身的问题意识。在课前,教师需要深入研读新课标及相关资料,了解学生情况,做好备课,并指导学生进行预习,同时收集学生关心的问题;在课中,应针对普遍存在的问题和教学中的不足进行反思,激发思维,突破教学瓶颈,打造高质量的体育课堂,使学生在知识、能力、健康等方面都得到提升;课后,教师要及时进行教学评价和反馈,通过"提出问题—分析问题—解决问题"的循环过程,以进一步增强问题意识并注重综合评价指标体系的建立。

各地和各校应根据自身实际情况,开展针对体育教师的跨学科教学专题培训,指导教师学习体育与健康的相关理论、教学实验和案例,从而提升整体教学质量和教师的问题意识。同时,各地和各校要积极为体育教师提供参与跨学科教学的实践平台,并完善监督与考核制度,落实备课、磨课和说课等激励措施,以提高体育教师的教学能力,促进跨学科主题学习的有效开展。

8.3.4　注重体育与健康课程表现性评价

近年来,随着我国的综合实力、教育水平的不断提高以及国家对体育学科的重视程度的加深，表现性评价在体育学科领域研究中的应用逐渐增多。研究表明，表现性评价也是体育与健康课程跨学科主题教学的有效评价方式，有助于学生学习的过程性结果测量。

1）将表现性评价嵌入跨学科教学

表现性评价不像传统的评价那样只在单元或学期结束时执行一次，而是遍布于整个单元教学中。就管理而言，虽然它需要更多的时间，但它能和教学相融合，让教师以全新的视角来看学生的进步和成就。表现性评价关注的重心是学生如何发现知识，而不仅仅是简单地获取知识，同时强调高水平的思维和更复杂的学习，它要求学生获得事实性知识并用合适的方法运用它们。在教育改革背景下，学校应致力于培养学生在真实情境中解决问题的能力，注重运用表现性评价，强调实践性与应用性。表现性评价内容应涵盖跨学科知识，对各学科相关知识有清晰把握以促进知识迁移。通过将不同学科的内容相互结合，培养学生使各学科相关知识互通的能力，形成综合性的思维模式。

2）构建跨学科教学表现性评价标准

在游戏活动和比赛期间或在类似比赛环境的真实性任务中，要求学生必须考虑关于技能和策略方面的复杂决定。跨学科表现性评价标准的建立应立足于课程标准，从支持性环境条件、有效的教学策略、形成性评价等维度构建满足需求、激发兴趣的多层次教学评价系统。跨学科教学评价体系也提供了如何提升学生核心素养的可行性建议。跨学科主题教学除了为学生创设明晰、连贯和整合的学习环境外，还通过学科间合作和多方协作深化教师对跨学科课程意识内涵的理解，促进教师工作的相互协调和整合，增强学校的转型教学能力。各科教师需要关注学生原有认知水平，选取、利用和拓展学生生活中有价值的学习机会，通过学习内容的多维整合和有序进阶提升课堂的结构化水平，使用有效教学策略和多种评价方式，构建多样化、多元化、有层次、开放性的评价内容体系，打通各学科之间壁垒。这个过程不是用单一的定性结果来评价学生表现，而是将过程性评价渗入其中。教师引导学生在整个学习过程中，根据评价量规，规划自己的学习进程自评或互评活动中的表现，并依据评价结果不断调整自己的学习行为，以动态化的过程性评价促进能力素养不断进阶。

3）制定过程性表现评价量规

评价量规直接影响着评价的效果，是实施表现性评价的关键点。评价量规不仅关注学生的最终结果，更加重视他们在学习过程中所表现出的思维过程、合作能力和自我反思。按照明确的指标制定量规，如创造性思维、解决问题的能力、团队合作与沟通技巧等，教师能够更好地评估学生在不同学科之间的知识迁移和综合应用能力。

首先要厘清课程目标以及整体结构，进而确定具体可行的活动任务以及评价标准。教师可以针对主要学习环节和内容制定评价量表，在限定条件内设计方案与评价标准，且评价要有导向性、针对性、可操作性。在教学开展前，教师也可引导学生参与量规设计，鼓励学生主动参与，积极探索不同学科的知识，并在真实的情境中应用所学内容。最终，教师不仅能更全面地了解学生的学习情况，还能为学生提供具体的反馈，以促进他们的持续成长和发展。表现性评价量规设置是否科学、可操作直接影响着评价结果的有效性。

8.3.5 提升体育教师跨学科执教素养

1）立足体育与健康学科核心素养标准

实施跨学科主题教学既需要专业学科知识的深度，也需要整合多学科的广度。就目前来看，体育教师设计跨学科教学活动并非容易之事。为了解决这一问题，必须集中力量去开发体育跨学科的核心素养标准，以明确体育与健康课程与其他课程核心概念之间的相互关系，来解决学科交叉融合的问题。虽然《新课标》未提出跨学科领域的具体主题及内容，但《新课标》提出"设置有助于实现体育与德育、智育、美育以及劳动教育和国防教育相结合的多学科交叉融合的教学内容"。不同学科的知识体系和逻辑顺序都不相同，因此，体育教师在选择跨学科学习内容和创设跨学科教学情境上，要合理安排好逻辑顺序，这是有效设计跨学科主题学习活动的基本要求。

2）更新体育教师跨学科主题教学认知

跨学科学习不仅是一种教学模式，更是一种教育理念，它强调的是学科之间的交叉融合，让学生在学习过程中能够更好地理解和掌握知识，提高其综合素养，促进他们全面发展，培养其成为符合新时代发展需要的人才。

3）提升体育教师的教学思维能力

《新课标》提出之后，体育教师必须具备良好的综合知识和综合技能。例如，《中小学健康教育指导纲要》中明确提出体育教师是健康教育工作的主要承担者，但长期以来健康教育的授课教师主要是班主任、保健教师和校医，而体育教师进行健康教育教学的效果并不理想。在《新课标》提出跨学科主题学习之后，对学校体育教师的综合知识与技能的掌握又提出了更高的要求，需要体育教师及时转变，具有跨学科教学思维。与传统体育教学活动不同，开展跨学科教学活动需要创设相对应的问题情境，并运用跨学科的知识去解决问题。这对那些认识有限、受教育不足、专业培训不足且思维已成定势的体育教师而言并非容易之事。因此，体育教师必须打破传统的教育模式，与时俱进。

4）加强学校跨学科主题教学研讨

体育教师跨学科执教能力的提升需要各个学科教师的团结合作。为了保障体育教师跨学科教学团队建设顺利推进，学校领导应推动建立义务教育阶段体育教师校内和校外的常态化学习平台。在校长的领导下，学校建立跨学科课程研发团队来保障体育教师与其他学科教师的交流。课程研发团队的主要任务是组织体育教师与不同学科的教师共同参加教学研讨会，挖掘体育与健康学科中蕴含的其他学科知识元素，帮助体育教师不断提高跨学教学能力。学校领导还可以采取邀请校外跨学科教学领域的骨干教师和专家开展经验分享会、案例分析会、培训学习会和讲座等方式，为体育教师提供专业交流平台。体育教师应具备多学科的知识储备，要学会转换多种学科教学视角开展教学。体育教师应对《新课标》中跨学科教学理念、内容进行详细解读，明白跨学科教学不仅仅是要达到学生学会多学科知识的目标，更是对核心素养的培育。专家在培训会上也要对现阶段体育教师跨学科教学中出现的问题进行解答，推动跨学科教学的顺利开展。

附录

附录1

体育与健康课程跨学科主题教学模式探索与实证研究调查问卷(教师)

亲爱的教师：

您好！

本问卷是教育部课题"体育与健康课程跨学科主题教学模式探索与实证研究"的研究需要，旨在了解体育与教育融合发展的基本情况，请根据实际情况作答。我们会为您保守秘密，个人姓名将不会出现在研究报告中，您所提供的回答仅供我们了解体育与教育融合发展情况之用。

一、个人情况

	个人资料
Q1	姓名：
Q2	性别：
Q3	学校：
Q4	学历：
Q5	职称：

二、跨学科主题教学的现状调查

1. 您对体育课程跨学科主题教学的了解程度？

  A. 非常了解　　B. 比较了解　　C. 不太了解　　D. 不了解

2. 您在进行体育课程跨学科主题教学时，联系较多的学科有？（可多选）

A. 数学　　　　B. 英语　　　　C. 科学　　　　D. 道德与法治

E. 艺术　　　　F. 信息技术　　G. 其他

3. 您认为体育学科与其他学科存在知识内容上的融合吗？

A. 没有　　　　B. 可能有　　　C. 有，但很少　　D. 有，还很多

4. 您在体育课程跨学科主题教学中遇到过什么问题？（可多选）

A. 课程内容繁多复杂，难以融合　　B. 缺乏专业指导，不知如何入手

C. 教学任务达成度不高　　　　　　D. 学生不感兴趣，课堂秩序乱

E. 学生没有形成知识正迁移　　　　F. 其他

5. 您认为影响教师开展体育课程跨学科主题教学的影响因素有哪些？（可多选）

A. 教师知识储备　　　　　　B. 教师专业技能

C. 学生兴趣程度　　　　　　D. 学校支持力度

E. 课程、课时设置　　　　　F. 其他

6. 您认为在跨学科融合下的体育课程跨学科主题教学中，自己需要提高哪些方面？（可多选）

A. 教学技能　　B. 知识储备　　C. 教育理论　　D. 学习能力

E. 人际交往　　F. 其他

7. 为有效开展跨学科教学活动，您认为学校方面应该给予哪些支持？

A. 开展教师合作教研活动　　　　　B. 通过培训、讲座等加强专业引领

C. 提供跨学科教学的学习资源　　　D. 提供资金支持

三、在学校体育开展中，下列哪个选项最符合实际情况？

"体德融合"题项	非常符合	比较符合	不能确定	不太符合	很不符合
① 体育教育目标设定促进了学生品德的培养	☐	☐	☐	☐	☐
② 校本体育与健康课程开发做到了与德育有机结合	☐	☐	☐	☐	☐
③ 课外体育实践活动融合了德育内容	☐	☐	☐	☐	☐

(续表)

"体德融合"题项	非常符合	比较符合	不能确定	不太符合	很不符合
④ 运动项目教学内容充分挖掘了德育的元素	□	□	□	□	□
⑤ 学校体育环境提供了融合德育教学的支撑	□	□	□	□	□
⑥ 学校体育评价中融合了德育内容	□	□	□	□	□

"体智融合"题项	非常符合	比较符合	不能确定	不太符合	很不符合
① 体育教育目标设定促进了学生认知能力的发展	□	□	□	□	□
② 校本体育与健康课程开发做到了与智育有机结合	□	□	□	□	□
③ 课外体育实践活动融合了智育内容	□	□	□	□	□
④ 运动项目教学充分挖掘了智育的元素	□	□	□	□	□
⑤ 学校体育环境为智育融合教学提供了支撑	□	□	□	□	□
⑥ 学校体育评价中融合了智育内容	□	□	□	□	□

"体美融合"题项	非常符合	比较符合	不能确定	不太符合	很不符合
① 体育教育目标设定促进了学生美育发展	□	□	□	□	□
② 校本体育与健康课程开发做到了与美育有机结合	□	□	□	□	□
③ 课外体育实践活动融合了美育内容	□	□	□	□	□
④ 运动项目教学内容充分挖掘了美育的元素	□	□	□	□	□
⑤ 学校体育环境为美育融合教学提供了支撑	□	□	□	□	□
⑥ 学校体育评价中融合了美育内容	□	□	□	□	□

"体劳融合"题项	非常符合	比较符合	不能确定	不太符合	很不符合
① 体育教育目标设定融合劳动教育内容	□	□	□	□	□
② 校本体育与健康课程开发做到了与劳育有机结合	□	□	□	□	□
③ 课外体育实践活动融合了劳育内容	□	□	□	□	□
④ 运动项目教学内容充分挖掘了劳育的元素	□	□	□	□	□
⑤ 学校体育环境为劳育融合教学提供了支撑	□	□	□	□	□
⑥ 学校体育评价中融合了劳育内容	□	□	□	□	□

附录2

体育课期望价值量表

亲爱的同学：

　　我们邀请您参加体育课中期望价值的调查，您的配合对我们的研究工作很有帮助，这不是一项学校课程的考试或测试，你的回答不会影响你的考分。请仔细阅读下面每一道题，选择您认为最合适的选项。第一感觉很重要，请独立完成，不要与别人讨论。谢谢！

一、单选题（只勾选一个答案）

　　1. 你的体育课成绩好吗？

　　　很好　　　较好　　　一般　　　较差　　　很差

　　2. 假如在体育课中，给表现最好的学生5分，给最差的学生1分，那么你会给自己打多少分？（注：5最好，4较好，3一般，2较差，1最差）

　　　5　　4　　3　　2　　1

　　3. 一些学生某一门课程的成绩比另一门课程更好。例如，你的数学成绩比语文成绩好。那么与别的课相比，你的体育课成绩怎样？

好得多　　好一点　　一样好　　差一点　　差得多

4．在体育课中学习体育知识时你学得怎样？

很好　　较好　　一般　　较差　　很差

5．在体育课中身体活动量如何？

很大　　较大　　一般　　较小　　很小

6．你认为体育课很重要吗？

很重要　　较重要　　一般重要　　不太重要

7．与数学、语文、外语等相比，你认为体育课中所学科学知识的重要程度怎么样？

很重要　　较重要　　一般重要　　不太重要

8．你认为你的体育课的趣味性怎么样？

很有趣　　较有趣　　一般有趣　　有点乏味　　很乏味

9．你喜欢体育课吗？

非常喜欢　　较喜欢　　一般　　不太喜欢　　非常不喜欢

10．你在学校里学到的知识能较好地提高你在校外的实践活动能力，称之为"学有所用"。例如，在校学到的有关植物的知识能让我在家把花养得更好。你认为在体育课中学到的知识概念对你有用吗？

很有用　　较有用　　一般　　不太有用　　一点用没有

11．与其他课程相比，在体育课中所学的技术、技能对你有用吗？

很有用　　较有用　　一般　　不太有用　　一点用没有

二、开放题

12．假如在体育课中有你不喜欢的东西，那是什么？是什么原因让你不喜欢？

13．假如所有学生可以选择上或不上体育课吗？你会做怎样的选择？为什么？

附录3

期望价值量表结构图

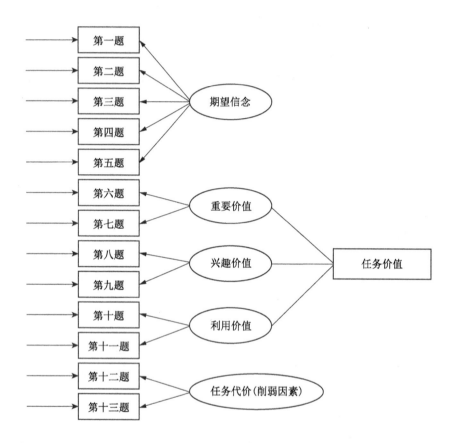

附录4

情境兴趣量表（小学）

亲爱的同学：

请回顾你过去两周所上的体育课程，根据你在体育课上的真实感受，仔细阅读以下题目并选择你认为最合适的选项。请相信自己的第一直觉，并且独立完成,不与别人讨论。感谢大家的配合!

请填写下列信息

姓名:_____ 学号:_____ 出生年月:_____

性别:_____ 班级:_____ 任课教师:_____

单选题(请把正确的答案填在答题线上)

1. 我所上的体育课让我感觉_____。
   A. 非常兴奋 B. 比较兴奋 C. 比较无聊 D. 非常无聊

2. 我在体育课中的思考通常都_____。
   A. 非常复杂 B. 比较复杂 C. 比较简单 D. 非常简单

3. 体育课需要我注意力_____。
   A. 非常集中 B. 比较集中 C. 不太集中 D. 不集中

4. 我的体育课让我_____。
   A. 非常专心 B. 比较专心 C. 有点专心 D. 不专心

5. 我在体育课中进行探索和试验的频率:_____。
   A. 每次课 B. 大多数课 C. 少数课 D. 从不

6. 我所上的体育课_____。
   A. 非常独特 B. 比较独特 C. 比较普通 D. 非常普通

7. 体育课中需要我进行的思考_____。
   A. 非常多 B. 比较多 C. 比较少 D. 非常少

8. 我的体育课是令人_____。
   A. 非常愉快的 B. 比较愉快的 C. 有点愉快的 D. 不愉快的

9. 体育课让我产生的好奇程度是_____。
   A. 非常好奇 B. 比较好奇 C. 有点好奇 D. 不好奇

10. 我所上的体育课是_____。
    A. 非常有创造力的   B. 比较有创造力的
    C. 有一点创造力的   D. 没有创造力的

11. 我的体育课是_____。
    A. 非常新颖的 B. 比较新颖的 C. 有些新颖的 D. 不新颖的

12. 体育课中的思考，对我来说要求是_____。
    A. 非常高的   B. 比较高的   C. 有点高的   D. 不高的
13. 我的体育课是令人_____。
    A. 非常满意的   B. 比较满意的   C. 有些满意的   D. 不满意的
14. 我认为体育课中的思考难度对我来说_____。
    A. 非常困难   B. 比较困难   C. 有点困难   D. 没有困难

附录5

教师访谈提纲

| 访谈时间 | | 访谈地点 | |

① 您认为课堂中运用的体育与健康课程跨学科主题教学模式的教学效果如何？

② 您认为在开展体育与健康课程跨学科主题教学时重点要注意什么？

③ 您认为体育与健康课程跨学科主题教学模式应用于教学中存在哪些不足？您对此有哪些建议？

④ 您认为在课堂教学中，体育与健康课程跨学科主题教学模式的构建对教学产生了怎样的影响？

⑤ 您赞成将此课程教学模式融入日常教学中吗？

附录 6

学生访谈提纲

| 姓名 | | 学号 | | 组名 | | | |

① 你在"校园定向赛·烟花三月下扬州"主题教学活动中上课体验如何?能否适应?

② 你认为在体育与健康课程跨学科主题教学模式下的教学活动与之前的体育学习有什么区别?

③ 你对于课堂中情境化学习有什么感受?

④ 对于现在的体育与健康课程跨学科主题教学,你有什么建议和想法?

附录 7

体育与健康实践课教案

授课教师		单位		上课时间			
教学对象	五年级	人数	48	课时	第 16 课时		
教学内容							

教学内容	1. 耐久跑正确的技术动作、呼吸方法和呼吸节奏 2. 跨学科知识的运用:音乐(韵律)、数学(方位、计算)、语文(古诗词意境的感悟)、科学(地图识别、指南针运用) 3. 体能练习:俯卧平移、仰卧卷腹、柔韧练习、蜘蛛爬		
重点	掌握耐久跑正确的呼吸方式,能合理分配体能,并在耐久跑中正确运用	教学准备	足球场一片、展牌若干、导览图、任务牌、音响
难点	耐久跑正确的技术动作和呼吸节奏的掌握,感受扬州城市的美		

（续表）

教学目标	1. 运动能力：知道正确的耐久跑呼吸方式可以增强心肺功能，掌握耐久跑的正确技术动作和呼吸方法，参与耐久跑练习，发展耐力素质 2. 健康行为：积极参与各项练习活动，在耐久跑练习过程中能合理分配体力并控制好呼吸节奏，增强心肺功能 3. 体育品德：在学练和小组比赛中能与同学相互鼓励并坚持不懈地完成各阶段耐久跑练习，与同伴互相合作完成比赛并分享跑步的快乐，用中华优秀文化培根铸魂，弘扬扬州文化，坚定文化自信						
课的部分	教学内容	教师指导	学生活动	组织形式与阶段目标	练习		
					时间	次数	负荷
开始部分	1. 体委整队、报告人数，师生问好 2. 安排见习生、宣布课的内容和任务 3. 安全知识教育 4. 介绍古诗呼吸法（《黄鹤楼送孟浩然之广陵》）	1. 教师检查学生队伍与服装，向学生问好 2. 宣布本课内容 3. 常规检查	1. 体委整队 2. 学生快速排队 3. 接受检查 4. 明确本课内容	组织队形： 阶段目标：培养学生养成良好的课堂组织纪律	2分钟		80～90次/分
准备部分	一、慢跑热身 方法：两路纵队采用分队、合队的形式，绕场地进行各种形式的慢跑	1. 讲解慢跑要求 2. 带领学生完成慢跑热身 3. 慢跑中与学生互动，提醒学生保持间距	1. 听清要求，按照规定路线跑动 2. 慢跑中按照教师的要求完成不同形式的跑 3. 慢跑中保持间距，注意安全	组织队形：两路纵队分队、合队 扬 州 景 点 展 牌 扬 州 景 点 展 牌	3分钟		90～110次/分
	二、热身操	1. 组织学生进行热身准备 2. 播放音乐《拔根芦柴花》，带领学生跟随音乐节奏做热身操，感受扬州小调的韵律以及扬州人民的幸福生活	1. 听清要求，认真完成准备活动 2. 跟随音乐节奏，模仿教师的动作做徒手操 3. 积极参与，提高自我控制能力	组织队形：四列横队成体操队形散开 阶段目标：通过情境导入跟着孟浩然游扬州，调动学生学习的积极性，提高学生练习的兴趣，通过热身让学生充分活动各个关节	3分钟		80～100次/分

（续表）

课的部分	教学内容	教师指导	学生活动	组织形式与阶段目标	练习		
					时间	次数	负荷
基本部分	一、"识"扬州——趣味折返跑 方法：两人一组面对面站立，进行"比比乘得快"的游戏，两人同时出数字，将两个数字相乘，最先报出答案的同学自由选择跑的方向与位置，另一名跑向相反的方向，跑至展牌位置停留3秒浏览展牌	1. 讲解并示范游戏方法 2. 游戏中让学生思考采用怎样的跑动方法和呼吸节奏，能跑得更加轻松 （1）组织学生进行游戏 （2）参与游戏，提醒学生注意安全	1. 听清游戏方法与要求 2. 积极参与游戏，在游戏中体会耐久跑，思考如何跑得更轻松 3. 游戏中注意观察，避免碰撞	组织队形：	5分钟		90～110次/分
	二、"寻"扬州——趣味定位跑 方法：按照地图，运用数学（方位）和科学（指南针使用）知识，在跑动中将扬州景点摆放到正确的位置	1. 结合学生体验，总结耐久跑的技术要领 2. 讲解趣味定位跑方法 3. 组织学生进行"寻"扬州游戏 4. 参与学生游戏，提醒耐久跑技术要领与安全	1. 认真听讲，思考耐久跑技术要领 2. 听清游戏要求，积极参与，在游戏中灵活运用数学、科学知识完成游戏，体验耐久跑的技术要领 3. 游戏中遵守规则，保持间距，有序跑动	组织队形：分成4个小组	5分钟		110～120次/分
	三、"品"扬州——趣味意境跑 方法：运用语文知识，分析古诗词意境，在跑动中匹配古诗词与扬州景点	1. 集体纠正定位跑中的问题 2. 讲解趣味意境跑的游戏方法 3. 按照体能分小组，组织学生进行"品"扬州的耐久跑游戏 4. 游戏过程中提示耐久跑呼吸节奏的方法 5. 游戏中提示学生注意安全，避免发生碰撞	1. 认真听讲，及时纠正错误技术动作 2. 听清游戏任务要求，以小组为单位积极参与"品"扬州游戏 3. 游戏中朗诵古诗词，品味古诗词的意境，找到与之关联的扬州景点 4. 在游戏中积极体会耐久跑的动作要领 5. 跑动中注意观察，避免碰撞	组织队形：分成8个小组	6分钟		130～140次/分

（续表）

课的部分	教学内容	教师指导	学生活动	组织形式与阶段目标	练习		
					时间	次数	负荷
基本部分	四、"游"扬州——趣味领头跑方法：采用定时的方法，"游"的过程中运用领头跑游戏，随机跑向景点，每到一个景点提取一枚印章贴到任务板上	1. 讲解趣味领头跑的游戏方法 2. 按照体能分小组组织学生进行"游"扬州的耐久跑游戏 3. 参与学生游戏，在游戏中提示耐久跑技术要领，不断鼓励学生，提醒学生注意安全	1. 听清游戏方法与要求 2. 以小组为单位进行"游"扬州游戏 3. 队长在"游"扬州的过程中，及时提取景点印章 4. 游戏过程中深刻体验耐久跑正确的动作方法和呼吸节奏 5. 注意观察，避免碰撞	组织队形：分成8个小组	6分钟		110～120次/分
	五、加油驿站——趣味体能练 1. 仰卧平移 2. 仰卧卷腹 3. 韧带拉伸 4. 蜘蛛爬	1. 教师示范动作 2. 组织学生练习。鼓励学生高质量完成动作	1. 观察教师动作并尝试模仿 2. 积极参与练习 3. 按教师要求高质量完成动作	组织队形：围成4个圈 阶段目标：利用情境的串联、教师的示范讲解、小组的相互合作、小组的比赛来进行耐久跑的练习，通过多种形式的游戏，强化学生对耐久跑呼吸方法和呼吸节奏的认知，通过游戏活动了解扬州的美，并能在活动中体验成功的快乐，树立自信心	6分钟		110～120次/分
结束部分	一、放松操	1. 结合音乐带领学生进行拉伸放松 2. 放松中用语言提示学生拉伸动作与呼吸节奏的配合	1. 模仿教师动作，积极放松 2. 控制好动作幅度，注意呼吸节奏 3. 在拉伸中明白，放松是加快机体疲劳恢复的一种有效方法	组织方法：围成4个圈	3分钟		80～90次/分

（续表）

课的部分	教学内容	教师指导	学生活动	组织形式与阶段目标	练习		
					时间	次数	负荷
结束部分	二、总结评价	1. 引导学生对学练情况进行自评与互评 2. 结合课堂学习情况进行总结评价，给予学生鼓励	1. 回忆上课过程，积极开展自评与互评 2. 在评价中认真反思自身学练过程，不断提高总结能力	组织方法：密集队形 ●●●●●●● ●●●●●●● ●●●●●●● ★	1分钟		80~90次/分

生理负荷预测	心率/(次/分) 纵轴 50-170，时间/分 横轴 5-45		课后记
	平均心率	140~145 次/分	
	练习密度	50%	

参 考 文 献

[1] 曹晓东,蒋荣.综合实践活动课程中体育内容的学习领域[J].山东体育学院学报,2004,20(4):90-92,95.

[2] 董鹏,于素梅.基于核心素养的体育与健康课程跨学科主题学习:内涵厘定、设计程序与推进策略[J].天津体育学院学报,2024,39(1):56-63.

[3] 杜尚荣,田敬峰.跨学科课程建设的三重逻辑[J].课程·教材·教法,2023,43(8):18-26.

[4] 方黎明.体育锻炼对青少年认知能力和学业成绩的影响[J].体育科学,2020,40(4):35-41.

[5] 顾渊彦.体育课程的理论与实践[M].南京:南京师范大学出版社,2014.

[6] 郭洪瑞,雷浩,崔允漷.忠实取向下综合实践类课程实施问题与对策研究[J].课程·教材·教法,2020,40(4):23-30.

[7] 郭华.跨学科主题学习及其意义[J].文教资料,2022(16):22-26.

[8] 郭华.落实学生发展核心素养突显学生主体地位:2022年版义务教育课程标准解读[J].四川师范大学学报(社会科学版),2022,49(4):107-115.

[9] 郭华.项目学习的教育学意义[J].教育科学研究,2018(1):25-31.

[10] 郝东方.中国近代以来中小学中的体育与其他诸育的关系史探究[J].首都体育学院学报,2022,34(2):180-187.

[11] 赫尔巴特.普通教育学·教育学讲授纲要[M].李其龙,译.北京:人民教育出版社,1989.

[12] 季浏.体育锻炼与心理健康[M].上海:华东师范大学出版社,2006.

[13] 江娟,王华倬,刘昕.新中国学校体育思想发展与体教关系演变逻辑[J].北京体育大学学报,2021,44(7):104-113.

[14] 李会民,代建军.基于课程统整的跨学科项目化学习设计[J].教学与管理,2020(4):29-31.

[15] 李晋裕.学校体育史[M].海口:海南出版社,2000.

[16] 李响,郭修金."五育融合"视角下高校体育综合育人的时代价值、内在逻辑及实现路径[J].体育学研究,2023,37(1):95-101.

[17] 李晓华,张琼."五育融合":内涵特征、发生机制与行动理路[J].北京教育学院学报,2022,36(3):54-60.

[18] 李兴东."活动课程"在我国的演变及其比较[J].教育实践与研究,2004(5):22-23.

[19] 刘清黎.体育教育学[M].北京:高等教育出版社,1994.

[20] 毛泽东.毛泽东文集:第七卷[M].北京:人民出版社,1999.

[21] 毛振明.学校体育发展史[M].桂林:广西师范大学出版社,2005.

[22] 全国体育院校教材委员会.运动生理学实验指导[M].北京:人民体育出版社,2005.

[23] 尚力沛,俞鹏飞,王厚雷,等.论体育与健康课程中的跨学科学习[J].上海体育学院学报,2022,46(11):9-18.

[24] 邵天逸,栗家玉,李启迪."全面发展"视域下学校体育理念的要旨论绎、问题审思与时代推进[J].武汉体育学院学报,2023,57(1):82-91.

[25] 施良方.学习论[M].2版.北京:人民教育出版社,2001.

[26] 宋继新.林笑峰体育文集[M].长春:东北师范大学出版社,2014.

[27] 宋尽贤,廖文科,教育部体育卫生与艺术教育司.中国学校体育30年:1979—2009[M].北京:高等教育出版社,2010.

[28] 田麦久.运动训练学[M].2版.北京:高等教育出版社,2017.

[29] 汪晓赞,季浏.中小学体育新课程学习评价[M].上海:华东师范大学出版社,2007.

[30] 王建,唐炎.高中专项化体育课程改革的"上海经验":效果、问题与展望[J].上海体育学院学报,2022,46(7):29-41,55.

[31] 王建,张加林.普通高中体育选项课教学中体育品德培养失范的现象表征、影响因素及成因机制[J].首都体育学院学报,2022,34(4):402-412.

[32] 王健,王利国.义务教育体育与健康课程跨学科主题学习之要义与推进策略[J].体育科学,2023,43(7):37-45.

[33] 王则珊.学校体育理论与研究[M].北京:北京体育大学出版社,1995.

[34] 吴蕴瑞.吴蕴瑞文集[M].哈尔滨:黑龙江科学技术出版社,2006.

[35] 熊梅.当代综合课程的新范式:综合性学习的理论和实践[M].北京:教育科学出版社,2001.

[36] 杨道宇.面向五育融合的课程设计原则[J].课程·教材·教法,2021,41(11):27-34.

[37] 义务教育数学课程标准修订组.聚焦核心素养指向学生发展:义务教育数学课程标准

(2022年版)解读[J].基础教育课程,2022(10):12-18.

[38] 尹志华,刘皓晖,孙铭珠.核心素养下《义务教育体育与健康课程标准》2022与2011年版比较分析[J].天津体育学院学报,2022,37(4):395-402.

[39] 于素梅,毛振明.体育学法论[M].北京:北京体育大学出版社,2009.

[40] 于素梅.跨学科主题学习设计与实施:体育与健康[M].北京:教育科学出版社,2023.

[41] 袁丹.指向核心素养的跨学科主题学习:意蕴辨读与行动路向[J].课程·教材·教法,2022,42(10):70-77.

[42] 张丁毅,唐炎,辛飞,等.体育与健康课程跨学科主题学习的基本含义、现存问题与改进策略[J].体育学研究,2023,37(6):60-69.

[43] 张洪潭.技术健身教学论[M].上海:华东师范大学出版社,2000.

[44] 张华.儿童发展、学习进阶与课程创生:《义务教育课程方案和课程标准(2022年版)》内在追求[J].中国教育学刊,2022(5):9-16.

[45] 张文鹏,陈红,栗千惠.体育与健康跨学科主题教学何以推进?:基于多模态理论的分析[J].体育学研究,2024,38(2):63-71.

[46] 张文鹏,杨方正,高乙.体育与健康跨学科主题多模态教学模式的理论构建与实现路径[J].武汉体育学院学报,2024,58(6):73-80.

[47] 张玉华.跨学科主题学习的水平分析与深化策略[J].全球教育展望,2023,52(3):48-61.

[48] 赵慧臣,张娜钰,马佳雯.STEM教育跨学科学习共同体:促进学习方式变革[J].开放教育研究,2020,26(3):91-98.

[49] 中共中央 国务院关于深化教育改革 全面推进素质教育的决定[EB/OL].(1999-06-13)[2021-04-18]. https://www.nmg.gov.cn/zwgk/zfgb/1999n_5236/199907/199906/t19990613_309013.html.

[50] 中国教育现代化2035[EB/OL].(2019-02-23)[2021-12-05]. https://www.gov.cn/xinwen/2019-02/23/content_536h7987.htm.

[51] 中华人民共和国教育部.普通高中课程方案:2017年版[M].北京:人民教育出版社,2018.

[52] 中华人民共和国教育部.义务教育体育与健康课程标准:2022年版[M].北京:北京师范大学出版社,2022.

[53] 中华人民共和国教育部.义务教育体育与健康课程标准:2022年版[M].北京:北京师范大学出版社,2022.

[54] 钟启泉.综合实践活动:涵义、价值及其误区[J].教育研究,2002,23(6):42-48.

[55] 周文叶. 中小学表现性评价的理论与技术[M]. 上海：华东师范大学出版社，2014.

[56] Baranowski T, Stables G. Process evaluations of the 5-a-day projects[J]. Health Education & Behavior, 2000, 27(2): 157-166.

[57] Bartholomew J B, Jowers E M, Golaszewski N M. Lessons learned from a physically active learning intervention: Texas I-CAN[J]. Translational Journal of the American College of Sports Medicine, 2019, 4(17): 137-140.

[58] Bartholomew J B, Jowers E M. Physically active academic lessons in elementary children[J]. Preventive Medicine, 2011(52): S51-S54.

[59] Beane J A. Curriculum Interriguration: designing the core of Demoeratic Education[M]. New York: Teachers College Press, 1997.

[60] Castelli D M, Hillman C H, Buck S M, et al. Physical fitness and academic achievement in third- and fifth-grade students[J]. Journal of Sport & Exercise Psychology, 2007, 29(2): 239-252.

[61] Cecchini J A, Carriedo A. Effects of an interdisciplinary approach integrating mathematics and physical education on mathematical learning and physical activity levels[J]. Journal of Teaching in Physical Education, 2020, 39(1): 121-125.

[62] Chen A, Martin R, Ennis C D, et al. Content specificity of expectancy beliefs and task values in elementary physical education[J]. Research Quarterly for Exercise and Sport, 2008, 79(2): 195-208.

[63] Chen A, Martin R, Sun H C, et al. Is in-class physical activity at risk in constructivist physical education?[J]. Research Quarterly for Exercise and Sport, 2007, 78(5): 500-509.

[64] Chen S L, Sun H C, Zhu X H, et al. Learners' motivational response to the science, PE, & me! curriculum: a situational interest perspective[J]. Journal of Sport and Health Science, 2021, 10(2): 243-251.

[65] Correa-Burrows P, Burrows R, Ibaceta C, et al. Physically active Chilean school kids perform better in language and mathematics[J]. Health Promotion International, 2017, 32(2): 241-249.

[66] Donnelly J E, Greene J L, Gibson C A, et al. Physical activity across the curriculum (PAAC): a randomized controlled trial to promote physical activity and diminish overweight and obesity in elementary school children[J]. Preventive Medicine, 2009, 49(4): 336-341.

[67] Donnelly J E, Hillman C H, Greene J L, et al. Physical activity and academic achievement across the curriculum: results from a 3-year cluster-randomized trial[J]. Preventive Medicine, 2017, 99: 140-145.

[68] DuBose K D, Eisenmann J C, Donnelly J E. Aerobic fitness attenuates the metabolic syndrome score in normal-weight, at-risk-for-overweight, and overweight children[J]. Pediatrics, 2007, 120(5): e1262-1268.

[69] Ennis C D. Reimagining professional competence in physical education[J]. Motriz, 2013, 19(4): 662-672.

[70] Hillman C H, Castelli D M, Buck S M. Aerobic fitness and neurocognitive function in healthy preadolescent children[J]. Medicine and Science in Sports and Exercise, 2005, 37(11): 1967-1974.

[71] Hopkins L T. Integration: its Meaning and Application[M]. New York: D. Appleton Century, 1937, 32: 40-75.

[72] Kibbe D L, Hackett J, Hurley M, et al. Ten years of TAKE 10!®: integrating physical activity with academic concepts in elementary school classrooms[J]. Preventive Medicine, 2011(52): S43-S50.

[73] Mavilidi M F, Lubans D R, Eather N, et al. Preliminary efficacy and feasibility of the "thinking while moving in English": a program with integrated physical activity into the primary school English lessons[J]. Children, 2018, 5(8): 109.

[74] Papaioannou A, Milosis D, Gotzaridis C. Interdisciplinary teaching of physics in physical education: effects on students' autonomous motivation and satisfaction[J]. Journal of Teaching in Physical Education, 2020, 39(2): 156-164.

[75] Roberts C K, Freed B, McCarthy W J. Low aerobic fitness and obesity are associated with lower standardized test scores in children[J]. The Journal of Pediatrics, 2010, 156(5): 711-718.

[76] Sibley B A, Etnier J L. The relationship between physical activity and cognition in children: a meta-analysis[J]. Pediatric Exercise Science, 2003, 15(3): 243-256.

[77] Stewart J A, Dennison D A, Kohl H W, et al. Exercise level and energy expenditure in the TAKE 10! in-class physical activity program[J]. Journal of School Health, 2004, 74(10): 397-400.

[78] Sun H C, Chen A, Zhu X H, et al. Learning science-based fitness knowledge in constructivist physical education[J]. The Elementary School Journal, 2012, 113(2): 215-

229.

[79] Zhu X H, Chen A, Ennis C, et al. Situational interest, cognitive engagement, and achievement in physical education[J]. Contemporary Educational Psychology, 2009, 34(3): 221-229.

[80] Ávila-García M, Baena-Ogalla N, Huertas-Delgado F J, et al. The relationship between physical activity levels, cardiorespiratory fitness and academic achievement school-age children from southern Spain[J]. Sustainability, 2020, 12(8): 34-59.